O caminho
do coração

Dados Internacionais de Catalogação na Publicação (CIP)
(Câmara Brasileira do Livro, SP, Brasil)

Nouwen, Henri
  O caminho do coração : a espiritualidade dos Padres e Madres do Deserto / Henri Nouwen ; tradução de Denise Jardim Duarte. – 3. ed. Petrópolis, RJ : Vozes, 2014.

  Título original : The Way of the Heart : The Spirituality of the Desert Fathers and Mothers

  Bibliografia.

  7ª reimpressão, 2024.

  ISBN 978-85-326-4408-4

  1. Apophthegmata Patrum (Provérbios dos Padres do Deserto) 2. Clero – Ministério 3. Literatura cristã primitiva 4. Teologia Pastoral 5. Vida espiritual – Cristianismo I. Título.

12-07831 CDD-248.89

Índices para catálogo sistemático:
1. Espiritualidade : Padres e Madres do Deserto :
Vida cristã : Cristianismo   248.89

Henri Nouwen

O caminho do coração

A espiritualidade dos
Padres e Madres do Deserto

Tradução de Denise Jardim Duarte

Petrópolis

© 1981 by Henri J.M. Nouwen.
Publicado mediante acordo com HarperOne, um selo da
Harper Collins Publishers.

Tradução do original em inglês intitulado *The Way of the Heart –
The Spirituality of the Desert Fathers and Mothers*

Direitos de publicação em língua portuguesa – Brasil:
2012, Editora Vozes Ltda.
Rua Frei Luís, 100
25689-900 Petrópolis, RJ
www.vozes.com.br
Brasil

Todos os direitos reservados. Nenhuma parte desta obra poderá ser reproduzida ou transmitida por qualquer forma e/ou quaisquer meios (eletrônico ou mecânico, incluindo fotocópia e gravação) ou arquivada em qualquer sistema ou banco de dados sem permissão escrita da editora.

CONSELHO EDITORIAL

Diretor
Volney J. Berkenbrock

Editores
Aline dos Santos Carneiro
Edrian Josué Pasini
Marilac Loraine Oleniki
Welder Lancieri Marchini

Conselheiros
Elói Dionísio Piva
Francisco Morás
Gilberto Gonçalves Garcia
Ludovico Garmus
Teobaldo Heidemann

Secretário executivo
Leonardo A.R.T. dos Santos

PRODUÇÃO EDITORIAL

Aline L.R. de Barros
Marcelo Telles
Mirela de Oliveira
Otaviano M. Cunha
Rafael de Oliveira
Samuel Rezende
Vanessa Luz
Verônica M. Guedes

Conselho de projetos editoriais
Isabelle Theodora R.S. Martins
Luísa Ramos M. Lorenzi
Natália França
Priscilla A.F. Alves

Editoração: Rachel Fernandes
Diagramação: Demétrio do Carmo
Capa: Omar Santos
Imagem de capa: Cristo e S. Menas. Ícone proveniente
do Mosteiro de Bauit, Egipto (séc. VI-VII).

ISBN 978-85-326-4408-4 (Brasil)
ISBN 978-0-06-066330-8 (Estados Unidos)

Este livro foi composto e impresso pela Editora Vozes Ltda.

Para John Mogabgab.

Agradecimentos

O presente livro teve início num seminário na Yale Dinivity School (Escola de Teologia de Yale), sobre a espiritualidade do deserto. Esse foi um dos mais estimulantes seminários de que já fiz parte. Éramos cinco mulheres e onze homens e representávamos tradições religiosas muito diferentes: Unitária, Discípulos de Cristo, Batista, Presbiteriana, Reformada Holandesa, Episcopal, Católica Romana e Ortodoxa Grega. Em idade, oscilávamos entre os vinte e poucos e os quarenta e tantos anos e, em antecedentes geográficos, vínhamos dos Estados Unidos à Irlanda, Holanda e Austrália. Juntos, tentamos descobrir o que os Padres e Madres do Deserto do século IV têm a dizer aos homens e às mulheres que desejam ser ministros de Jesus Cristo nos dias atuais.

Enquanto trocávamos ideias e experiências em relação às histórias do deserto, gradualmente passamos a ver o "caminho do coração" como o caminho que nos unia, apesar das nossas muitas diferenças históricas, teológicas e psicológicas. Foi essa descoberta que me encorajou a apresentar "o caminho do coração" na qualidade de palestras de convocação na Perkins School of Theology, em Dallas, e na Convenção Nacional de Conselheiros Pastorais, em Denver. Sou muito grato às muitas respostas que recebi durante essas ocasiões.

Uma palavra especial de agradecimento vai para Virginia Yohe e Carol Plating, por seu apoio administrativo, para Stephen Leahy, Phil Zaeder, Fred Bratman e Robert Moore, por seus comentários editoriais, para John Eudes Bamberger, por seu incentivo.

Também gostaria de expressar minha profunda gratidão a todos os membros do seminário: George Anastos, Kim Brown, Colman Cooke, Susan Geissler, Frank Gerry, Christine Koetsveld, Joseph Nuñez, Robert Parenteau, Donald Postema, Kathy Stockton, Marjorie Thompson, Steven Tsichlis, Joshua Wootton e Mich Zeman. Suas muitas respostas, ricas e variadas, às palavras do deserto, permitiram-me apresentar o livro como algo destinado a todos os que estão comprometidos com o ministério cristão.

Dedico este livro a John Mogabgab, que ministrou o curso comigo. Eu o faço em sinal de gratidão, não apenas por sua inestimável contribuição para o seminário e para a presente obra como também, e acima de tudo, pelos cinco anos em que trabalhamos juntos na Escola de Teologia de Yale. Sua amizade e seu apoio profundos fizeram desses anos um verdadeiro presente de Deus.

Sumário

Prólogo, 11

1 Solidão, 17

2 Silêncio, 41

3 Oração, 65

Epílogo, 89

Prólogo

Tendo em vista a celebração do segundo milênio da Era Cristã, a questão que se colocava era: "Haverá algo a se comemorar?" Muitas vozes questionam-se: "A humanidade pode sobreviver à sua própria força destrutiva?" Enquanto refletimos acerca do aumento da pobreza e da fome, do ódio e da violência que se espalham rapidamente tanto dentro como entre os países, e do desenvolvimento assustador de sistemas de armas nucleares, chegamos à percepção de que o nosso mundo embarcou em uma viagem suicida. Dolorosamente, somos lembrados das palavras de São João Evangelista:

> Era esta a luz verdadeira que, vinda ao mundo, ilumina todas as pessoas. Ela estava no mundo, e por ela o mundo foi feito, mas o mundo não a conheceu. Veio para o que era seu, mas os seus não a receberam (Jo 1,9-11).

Parece que a escuridão está mais espessa do que nunca, que os poderes do mal se apresentam mais ostensivamente visíveis, e que os filhos de Deus estão sendo testados de forma mais severa do que jamais o foram.

Durante os últimos anos, estive me perguntando sobre o que significa ser um ministro em uma situação específica. O que se exige dos homens e mulheres que querem trazer a luz para a escuridão, "anunciar a Boa-nova aos pobres; [...] proclamar aos aprisionados a libertação, aos cegos a recuperação da vista, [...] pôr em liberdade os oprimidos, e [...] anunciar um ano da graça do Senhor?" (Lc 4,18-19). O que se espera de um homem ou de uma mulher chamados a mergulhar inteiramente no turbilhão e agonia dos tempos atuais e dizer uma palavra de esperança?

Não é difícil perceber que, nesse período terrível e doloroso de nossa história, nós, que ministramos em paróquias, escolas, universidades, hospitais e prisões, estamos encontrando dificuldades para cumprir a nossa missão de fazer a luz de Cristo brilhar nas trevas. Muitos de nós temos nos adaptado perfeitamente bem ao espírito geral de letargia. Outros têm se tornado cansados, exaustos, desapontados, amargos, ressentidos ou simplesmente entediados. Ainda há os que permaneceram ativos e envolvidos – mas acabaram vivendo mais em seu próprio nome do que em nome de Jesus Cristo. Isso não é tão surpreendente. As pressões do ministério são enormes, as demandas são crescentes e as satisfações vão diminuindo. Como podemos esperar permanecer cheios de vitalidade criativa, de zelo pela Palavra de Deus, do desejo de servir e de motivação para inspirar as nossas congregações, muitas vezes entorpecidas? Onde é que iremos encontrar sustento e força? Como poderemos aliviar nossa própria fome e sede espirituais?

Essas são as inquietações sobre as quais eu gostaria de chamar a atenção nas páginas que seguem. Espero oferecer algumas ideias e disciplinas que podem ser úteis em nossos esforços para permanecer como testemunhas vitais de Cristo nos próximos anos – anos que, sem dúvida, serão cheios de tentações de infidelidade, um confortável egocentrismo e desesperança.

Mas a quem devemos recorrer? A Jacques Ellul, William Stringfellow, Thomas Merton, Teilhard de Chardin? Todos estes têm muito a dizer, mas estou interessado em uma fonte mais primitiva de inspiração, que, por sua franqueza, simplicidade e determinação, pode nos levar sem qualquer atalho ao coração de nossa batalha. Essa fonte é o *Apophthegmata Patrum*, os *Provérbios dos Padres do Deserto*. Os Padres e Madres do Deserto, que viveram no deserto do Egito durante os séculos IV e V, podem oferecer uma perspectiva muito importante em nossa vivência como ministros. Eles eram cristãos que buscavam uma nova forma de martírio. Assim que as perseguições cessaram, já não era possível testificar Cristo ao segui-lo como uma testemunha de sangue. No entanto, o cessar das perseguições não significava que o mundo aceitava os ideais de Cristo e alterava seus caminhos; o mundo continuava a preferir a escuridão à luz (Jo 3,19). Mas, se ele já não era inimigo dos cristãos, então os cristãos tinham que se tornar inimigos do mundo das trevas. A evasão para o deserto era o meio de escapar a uma tentadora conformidade com o mundo. Antão, Agatão, Macário, Pimênio, Teodora, Sara e Sinclética tornaram-se líderes espirituais do deserto. Ali, eles encarnaram um novo tipo de mártir: testemunhas contra os destrutivos poderes do mal, testemunhas da força salvadora de Jesus Cristo.

Seus comentários espirituais, seus conselhos aos visitantes, e suas práticas ascéticas bastante concretas formam a base de minhas reflexões sobre a vida espiritual no ministério de nossos dias. Como os Padre e Madres do Deserto, temos que encontrar uma resposta concreta e viável para a exortação de São Paulo: "Não vos ajusteis aos modelos deste mundo, mas transformai-vos, renovando vossa mentalidade, para que possais conhecer qual é a vontade de Deus: o que é bom, agradável e perfeito" (Rm 12,2).

Para estruturar as minhas reflexões vou me servir de uma história que se conta sobre o Aba Arsênio. Arsênio era um instruído romano da classe senatorial que viveu na corte do imperador Teodósio como tutor dos príncipes Arcádio e Honório. "Enquanto ainda vivia no palácio, Aba Arsênio orou a Deus com estas palavras: 'Senhor, guiai-me pelo caminho da salvação'. E então uma voz veio lhe dizer: 'Arsênio, retira-te do mundo e serás salvo'. Tendo navegado secretamente de Roma a Alexandria e se retirado para a vida solitária (no deserto), orou novamente: 'Senhor, guiai-me no caminho da salvação', e, novamente, ele ouviu uma voz que dizia: 'Arsênio, retira-te, fica em silêncio e ora sempre, pois essas são fontes de impecabilidade'[1]. As palavras *retira-te, fica em silêncio* e *ora* resumem a espiritualidade do deserto, elas indicam as três formas de impedir que o mundo nos molde à sua imagem e são, assim, as três formas de vida no Espírito.

Minha primeira missão é explorar o que significa para nós retirar-se do mundo, suscitando a questão da solidão. Minha segunda incumbência é definir o silêncio como um elemento essencial para uma espiritualidade do ministério. Finalmente, quero provocar em você a inclinação para a oração contínua.

---

[1] WARD, B. (trad.). *The Sayings of the Desert Fathers*. Londres/Oxford: [s.e.], 1975, p. 8.

1
Solidão

Introdução

Santo Antão, "pai dos monges", é o melhor guia em nosso ensaio de compreensão do papel da solidão no ministério. Nascido por volta do ano de 251, Antão era filho de camponeses egípcios. Quando tinha cerca de 18 anos, ouviu na igreja as palavras do Evangelho: "Vai, vende tudo que tens, dá o dinheiro aos pobres, e terás um tesouro nos céus; depois vem e segue-me" (Mt 19,21). Percebeu que essas palavras serviam pessoalmente para ele e, depois de um período vivendo como um pobre trabalhador nos limites de sua aldeia, retirou-se para o deserto, onde, durante vinte anos, viveu em completa solidão. Durante esse tempo, Antão experimentou uma terrível provação: a casca de suas certezas superficiais partiu-se, e um abismo de iniquidade se lhe abriu. Mas ele saiu de sua provação vitorioso – não devido à sua própria força de vontade ou proezas ascéticas, mas graças à sua rendição incondicional ao Domínio de Jesus Cristo. Ao emergir de sua solidão, as pessoas reconheceram nele as qualidades de um autêntico homem "sadio", íntegro de corpo, mente e alma, e acorreram a ele em busca de cura, conforto e orientação. Em sua velhice, retirou-se para uma solidão ainda maior, a fim de ser inteiramente absorvido na comunhão direta com Deus. Morreu no ano de 356, com cerca de 106 anos de idade.

A história de Santo Antão, conforme narração de Santo Atanásio, mostra que devemos estar atentos ao chamado, de modo a permitir que o nosso falso e compulsivo eu seja transformado num novo eu do Cristo e também mostra que a solidão é a fornalha em que essa transformação ocorre. Finalmente, ela revela que é a partir desse eu transformado ou convertido que o verdadeiro ministério flui. Proponho, portanto, explorar esses três aspectos na vida de Santo Antão, na esperança de descobrir os problemas, bem como as oportunidades de nosso ministério.

O ministro compulsivo

Thomas Merton escreve, na introdução de seu *A sabedoria do deserto*:

> A sociedade [...] era considerada (pelos Padres do Deserto) como um naufrágio para longe do qual todo homem em particular tinha que nadar a fim de salvar sua vida. Estes eram homens que acreditavam que deixar-se levar, à deriva, aceitando passivamente os

princípios e valores daquilo que conheciam como sociedade, era pura e simplesmente um desastre[2].

Essa observação nos leva diretamente ao cerne do problema. Nossa sociedade não é uma comunidade radiante com o amor de Cristo, mas uma perigosa rede de dominação e manipulação, na qual podemos facilmente nos enredar e perder a nossa alma. A questão básica imposta é se nós, ministros de Jesus Cristo, já não fomos tão profundamente moldados pelos poderes sedutores do nosso mundo das trevas, que não nos tornamos cegos para o estado fatal, o nosso e o de outras pessoas, perdendo o poder e a motivação para nadar pela salvação de nossas vidas.

Basta olhar por um momento para a nossa rotina diária. Em geral, somos pessoas bastante ocupadas: temos muitas reuniões para comparecer, visitas a serem realizadas, celebrações por conduzir. Nossas agendas estão repletas de compromissos, nossos dias e semanas cheios de obrigações, e nossos anos são preenchidos por planos e projetos. Raramente há um período em que ficamos sem o que fazer, e caminhamos pela vida de uma forma tão frenética que nem mesmo tiramos um tempo, fazemos uma pausa, para

---

[2] MERTON, T. *The Wisdom of the Desert*. Nova York: New Directions Publishing, 1960, p. 3.

nos perguntar se qualquer uma das coisas que pensamos, dizemos ou fazemos, de fato *valem* ser pensadas, ditas ou feitas. Simplesmente acompanhamos as "necessidades" e "deveres" que nos são transmitidos e vivemos com eles como se fossem autênticas traduções do Evangelho de Nosso Senhor. As pessoas necessitam de motivação para frequentar a igreja, a juventude necessita se divertir, é necessário levantar dinheiro e, acima de tudo, todos necessitam ser felizes. Além disso, devemos manter boas relações com as autoridades eclesiásticas e civis; ser queridos ou, ao menos, respeitados pela maioria dos nossos paroquianos; subir de posição social de acordo com o cronograma, e ter férias e salário suficientes para uma vida confortável. Somos, assim, pessoas muito ocupadas, como quaisquer outras, recompensadas pelas recompensas com que se recompensam as pessoas ocupadas!

Tudo isso é simplesmente para sugerir o quão tremendamente secular tendem a ser as nossas vidas ministeriais. Por que isso acontece? Por que nós, os filhos da luz, tornamo-nos tão facilmente conspiradores com as trevas? A resposta é bem simples: nossa identidade, a nossa consciência do eu, está em jogo. A secularidade é um artifício de nos mantermos dependentes das respostas de nosso meio. O eu secular ou falso é um eu que é fabricado, como afirma Thomas Merton, por compulsões sociais. "Compulsivo" é, de fato, o melhor adjetivo para o falso eu, que aponta para a necessidade de contínua e crescente afirmação. Quem sou eu? Eu sou aquele que é apreciado, elogiado, admirado, antipatizado ou desprezado. Se sou um pianista, um empresário ou um ministro, o que importa é como eu sou percebido pelo meu mundo. Se estar atarefado é uma coisa boa, então eu preciso estar atarefado. Se ter dinheiro é um sinal de real liberdade, então eu preciso reivindicar o meu dinheiro. Se conhecer muitas pessoas prova a minha importância, eu terei que fazer os contatos necessários. A compulsão se manifesta no medo oculto de fracassar e no impulso constante de evitar isso juntando mais do mesmo: mais trabalho, mais dinheiro, mais amigos.

Essas próprias compulsões são a base dos dois principais inimigos da vida espiritual: a ira e a cobiça. Elas são o lado oculto da vida secular, os frutos amargos de nossas dependências mundanas. O que mais é a ira, senão a resposta impulsiva à experiência de ser privado de algo? Quando a minha consciência do eu depende do que os outros dizem de mim, a raiva é uma reação perfeitamente natural a uma palavra crítica. E quando essa minha percepção do eu depende daquilo que posso alcançar, a cobiça irrompe à medida que meus desejos são frustrados. Assim, a ira e a cobiça são as irmãs de um eu fabricado pelas compulsões sociais de um mundo corrompido.

A ira, em particular, parece próxima de um vício profissional no ministério contemporâneo. Os clérigos estão irados em relação aos seus líderes, por não liderarem, e em relação aos seus seguidores, por não seguirem. Estão irados em relação àqueles que não vão à igreja, por não o fazerem, e em relação àqueles que o fazem, por chegarem ali sem entusiasmo. Estão irados com seus familiares, que os fazem se sentir culpados, e irados consigo mesmos, por não ser quem desejavam. Não se trata de uma ira aberta, flagrante, vociferadora, mas de uma ira que se oculta atrás da palavra suave, do rosto sorridente e do educado aperto de mão. É uma ira gelada, que se estabelece em um amargo ressentimento e, lentamente, paralisa um coração generoso. Se há algo que faça com que o ministério pareça triste e embrutecido, esse é a ira obscura e insidiosa nos servos de Cristo.

Não é tão surpreendente que Antão e seus companheiros monges considerassem um desastre espiritual aceitar passivamente os princípios e valores de nossa sociedade. Eles tinham avaliado como é difícil não só para o cristão, individualmente falando, como também para a própria igreja, escapar à compulsão sedutora do mundo. Qual foi a sua resposta? Eles escaparam do navio que afundava, nadaram pela salvação de suas vidas e encontraram o lugar da salvação, que é chamado deserto, um lugar de solidão. Vejamos o que essa solidão representou para eles.

A fornalha da transformação

Quando Antão ouviu a palavra de Jesus "vai, vende tudo que tens, dá o dinheiro aos pobres [...]; depois vem e segue-me", ele a assumiu como um chamado para escapar às compulsões desse mundo. Ele se afastou de sua família, viveu na pobreza em uma cabana, nos limites de sua aldeia, e ocupou-se com o trabalho manual e a oração, mas logo percebeu que mais era exigido de si. Ele precisava enfrentar seus inimigos – a ira e a cobiça – de frente, e deixar-se transformar totalmente em um novo ser, seu velho e falso eu tinha que morrer, para dar lugar a uma nova individualidade. Por isso, Antão retirou-se para a completa solidão do deserto.

A solidão é a fornalha da transformação. Sem ela, permanecemos vítimas de nossa sociedade e continuamos sendo enredados nas ilusões de nosso falso eu. O próprio Jesus ingressou nessa fornalha e ali foi tentado pelas três compulsões mundanas: a de ser relevante ("que estas pedras se transformem em pães"), a de ser espetacular ("atira-te para baixo") e a de ser poderoso ("Eu te darei todos esses reinos"). Então, Ele confirmou Deus como fonte única de sua identidade ("Deveis adorar ao Senhor vosso Deus e servir somente a Ele"). A solidão é o ensejo da grande luta e do grande encontro – a luta contra as compulsões do falso eu e o encontro com o Deus amoroso, que se oferece como a substância de uma nova individualidade.

Isso pode soar um tanto austero, pode mesmo evocar imagens de perseguições ascéticas medievais das quais Lutero e Calvino felizmente nos salvaram. Mas, assim que reconhecemos essas fantasias e deixamos que se desviem, veremos que estamos lidando com esse lugar sagrado onde o ministério e a espiritualidade se abraçam. Este é o lugar a que se chama solidão.

A fim de entender o significado da solidão, devemos primeiro revelar os meios pelos quais essa ideia foi distorcida por nosso mundo. Dizemos uns aos outros que precisamos de alguma solidão em nossas vidas. O que realmente estamos pensando, no entanto, é num tempo e lugar para nosso proveito, no qual não somos incomodados pelos outros, podemos ter nossos próprios pensamentos, expressar nossos lamentos e nos ocupar de nossas próprias coisas, sejam quais forem. Para nós, a solidão, na maioria das vezes, significa privacidade, chegamos à duvidosa convicção de que todos têm direito à privacidade. Ela torna-se, assim, como que uma propriedade espiritual à qual podemos concorrer no mercado livre dos bens espirituais, mas há mais coisas em jogo. Também pensamos na solidão como uma estação onde se pode recarregar as baterias, ou como o corner do ringue de boxe, onde nossas feridas são untadas, nossos músculos massageados e nossa coragem, restaurada por *slogans* convenientes. Em suma, pensamos na solidão como uma circunstância onde juntamos novas forças para dar sequência à contínua competição da vida.

Mas não é essa a solidão de São João Batista, de Santo Antão ou São Bento, de Charles de Foucauld ou dos irmãos de Taizé. Para esses, a solidão não é só um terapêutico lugar privado. Em vez disso, é um lugar de conversão, onde o velho eu morre e um novo nasce, onde sobrevém a emergência do novo homem e da nova mulher.

Como podemos adquirir uma compreensão mais clara dessa solidão transformadora? Deixe-me tentar descrever mais detalhadamente a batalha, assim como o encontro, que se dão nessa solidão.

Na solidão, me livro de meus cadafalsos: nenhum amigo com quem conversar, nenhum telefonema para fazer, nenhuma reunião à qual comparecer, nenhuma música para entreter, nenhum livro para distrair, apenas eu – nu, vulnerável, fraco, pecador, despojado, insignificante – e nada mais. É esse o nada que devo enfrentar em minha solidão, um nada tão terrível que tudo em mim quer correr para os meus amigos, meu trabalho e minhas distrações, de modo que eu possa esquecer o meu vazio e passe a acreditar que sou algo que vale a pena. Mas isso não é tudo, tão logo eu decida permanecer em minha solidão, ideias confusas, imagens perturbadoras, loucas fantasias e estranhas associações saltam em minha mente como macacos em uma bananeira. A ira e a cobiça começam a mostrar sua face repulsiva. Ofereço discursos longos e hostis aos meus inimigos e tenho sonhos lascivos nos quais sou rico, poderoso e muito atraente – ou pobre, feio – e necessitado de imediato consolo. Assim, tento escapar ao escuro abismo do meu nada e restaurar meu falso eu em toda a sua vaidade.

A tarefa é perseverar em minha solidão, permanecer em meu calabouço até que meus sedutores visitantes se cansem de bater em minha porta e me deixem em paz. O *Altar de Isenheim*, pintado por Grünewald, mostra com um realismo assustador as disformes faces dos muitos demônios que tentaram Antão em sua solidão. A batalha é real porque o perigo é real. É o perigo de viver a totalidade de nossa vida como uma longa defesa contra a realidade de nossa condição, um esforço incansável para convencer a nós mesmos de nossa virtuosidade. No entanto, Jesus não veio "chamar os justos, mas os pecadores" (Mt 9,13).

Esta é a batalha em que se morre para o falso eu. Mas se trata de uma batalha que está muito, muito além de nossas forças. Alguém que queira lutar contra seus demônios usando suas próprias armas é um tolo. A sabedoria do deserto indica que o confronto com o nosso próprio vazio assustador nos compele à entrega total e incondicional ao Nosso Senhor Jesus Cristo. Sozinhos, não podemos enfrentar "o mistério da iniquidade" com a impunidade, somente Cristo pode vencer os poderes malignos, somente nele e por meio dele podemos suportar as provações de nossa solidão. Isso é lindamente ilustrado pelo Aba Elias, que conta: "Um ancião estava vivendo num templo, e os demônios se aproximaram dele para dizer: 'Deixa esse lugar, que nos pertence'. O ancião disse: 'Lugar algum vos pertence'. Então, os demônios começaram a espalhar em volta, uma a uma, as folhas de palmeira do ancião, que se punha a reuni-las com persistência. Pouco depois, o diabo tomou sua mão e o arrastou para a porta. Quando o ancião alcançou a porta, agarrou a padieira com a outra mão, clamando: 'Jesus, salva-me!' Imediatamente, o demônio fugiu e o ancião se pôs a chorar. O Senhor, então, lhe disse: 'Por que estás chorando?' E o ancião respondeu: 'Porque os demônios ousaram subjugar um homem e tratá-lo dessa forma'. O Senhor disse a ele: 'Estavas desatento. Assim que te voltaste novamente para mim, viste que Eu estava ao teu lado"[3]. Essa história mostra que somente no contexto do grande encontro com o próprio Cristo uma autêntica batalha poderia ter lugar. Esse encontro não acontece antes, depois ou além da batalha com nosso falso eu e seus demônios. Não, é precisamente no meio dessa batalha que Nosso Senhor vem a nós para dizer, como dissera ao ancião da história: "Assim que te voltaste novamente para mim, viste que Eu estava ao teu lado". Adentramos na solidão, antes de tudo, para encontrar Nosso Senhor e estar com Ele, e somente nele. Nossa principal incumbência na solidão, portanto, não é prestar uma indevida atenção às muitas faces que nos assaltam, mas manter os olhos de nossa mente e nosso coração sobre aquele que é o nosso Divino Salvador. Somente no contexto da graça podemos enfrentar nossos pecados; somente na circunstância da cura ousamos mostrar nossas feridas; somente por meio de uma honesta atenção a Cristo podemos abandonar nossos medos e encarar a nossa verdadeira natureza. Conforme nos damos conta de que não somos nós quem vivemos, mas é o Cristo que vive em nós, e de que é Ele o nosso verdadeiro eu, podemos lentamente deixar que nossas compulsões se desfaçam e começar a experimentar a liberdade dos filhos de Deus. E então podemos olhar para

---

3 WARD, B. (trad.). *The Sayings of the Desert Fathers*. Op. cit., p. 61.

trás com um sorriso e perceber que já não estamos nem mesmo irados ou cobiçosos.

O que isso tudo significa para nós, em nossa vida cotidiana? Mesmo quando não somos chamados à vida monástica ou não temos a constituição física para sobreviver aos rigores do deserto, ainda somos responsáveis pela nossa própria solidão. Justamente porque o nosso meio secular nos oferece tão poucas disciplinas espirituais, precisamos desenvolver a nossa própria. Temos, de fato, de talhar nosso próprio deserto, para onde podemos nos retirar diariamente, livrando-nos de nossas compulsões e habitando a suave presença conciliadora de Nosso Senhor. Sem um deserto assim, perderemos a própria alma, enquanto pregamos a outrem o Evangelho. Mas com tal morada espiritual nos tornaremos cada vez mais ajustados a Ele, em cujo Nome ministramos.

A primeira coisa que precisamos fazer é separar um tempo e um lugar para estar com e somente em Deus. A forma concreta dessa disciplina da solidão será diferente para cada pessoa, dependendo de seu caráter individual, tarefa ministerial e meio. Mas uma disciplina real nunca permanece vaga ou generalizada, ela é tão concreta e específica como a própria vida cotidiana. Quando visitei Madre Teresa de Calcutá, alguns anos atrás, e a perguntei como viver a minha vocação sacerdotal, ela disse simplesmente: "Passe uma hora por dia em adoração ao seu Senhor e nunca faça nada que saiba que seria errado, e assim estará correto". A madre poderia ter dito alguma coisa diferente para uma pessoa casada e com filhos pequenos e outra, ainda, para alguém vivendo numa comunidade maior. Mas, como todos os grandes discípulos de Jesus, Madre Teresa reafirmou a verdade de que o ministério só pode ser fecundo se nasce de um encontro direto e íntimo com Nosso Senhor. Assim, as palavras introdutórias da primeira carta de São João ecoam ao longo da história: "O que era desde o princípio, o que ouvimos e o que vimos com os nossos olhos, o que contemplamos e o que as nossas mãos apalparam a respeito da Palavra da vida" (1Jo 1,1).

A solidão é, assim, um espaço de purificação e transformação, da grande batalha e do grande encontro. Ela não é simplesmente um meio para um fim, é um fim em si, o espaço onde Cristo nos remodela à sua imagem e nos liberta das compulsões vitimadoras do mundo, é o espaço da nossa salvação. Consequentemente, é o lugar para onde queremos conduzir todos os que procuram a luz nesse mundo de trevas. Santo Antão passou vinte anos em isolamento. Ao sair, levou sua solidão consigo e a dividiu com todos os que se aproximavam dele. Aqueles que o observavam o descreveram como alguém equilibrado, gentil e compassivo. Ele se tornara tão semelhante a Cristo, tão radiante pelo amor divino, que todo o seu ser era o ministério.

Deixe-me agora tentar mostrar como um ministério compassivo brota de um eu transformado.

Um ministério compassivo

A vida de Santo Antão, depois de ter emergido de um período de total isolamento, foi abençoada por um sacerdócio rico e diversificado, pessoas de diferentes estilos de vida iam até ele pedir conselhos. A solidão que, no começo, exigira o isolamento físico, agora se tornava uma qualidade de seu coração, uma disposição interior que já não podia ser perturbada por aqueles que necessitavam de sua orientação. De alguma forma, ela tinha se transformado em um espaço infinito para o qual todos poderiam ser convidados. Seu conselho era simples, direto e concreto: "alguém lhe perguntava: 'O que se deve fazer para agradar a Deus?' O ancião respondia: 'Presta atenção no que te digo: não importa quem tu sejas, tem sempre Deus diante de teus olhos; o que quer que faças, faze-o de acordo com o testemunho das Sagradas Escrituras; não importa o lugar em que vivas, não o deixes facilmente. Mantém estes três preceitos e serás salvo'"[4].

---

4 Ibid., p. 2.

Para o Aba Pambo, que perguntou a ele: "O que deveria eu fazer?" O ancião disse: "Não confies em tua própria justiça, não te preocupes com o passado, mas controla a tua língua e o teu estômago". E, contemplando o futuro, Antão disse com palavras que se mostraram de uma estranha atualidade: "Um tempo virá em que os homens enlouquecerão e, quando virem alguém que não enlouqueceu, o atacarão, dizendo: 'Não és louco; não és como nós'"[5]. Por meio de sua luta com seus demônios e do encontro com seu Senhor, Santo Antão aprendera a diagnosticar o coração das pessoas e o estado de espírito de seu tempo, e, dessa forma, oferecer discernimento, conforto e consolo. A solidão fizera dele um homem cheio de compaixão.

Aqui chegamos ao ponto em que o ministério e a espiritualidade se tocam. Esta é a compaixão, ela é fruto da solidão e a base de todo sacerdócio. A purificação e a transformação que acontecem nela se manifestam no estado compassivo.

Não devemos subestimar a dificuldade de ser compassivo. A compaixão é difícil porque requer disposição interior para visitar o outro naquele lugar onde ele se encontra fraco, vulnerável, solitário e abandonado. Mas esta não é a nossa resposta espontânea ao sofrimento. O que mais desejamos é acabar com ele, fugindo ou encontrando uma

---

[5] Ibid., p. 2-5.

rápida cura. Como ministros ocupados, ativos e relevantes, queremos ganhar nosso pão fazendo uma contribuição real. Isso significa, em primeiro lugar, realizar algo capaz de mostrar que nossa atitude faz a diferença. E assim ignoramos nosso maior dom, que é nossa habilidade de ser solidários com aqueles que sofrem.

É na solidão que esta solidariedade compassiva se desenvolve. Nela nos damos conta de que nada do que é humano nos é estranho, que as raízes de todos os conflitos – guerra, injustiça, crueldade, ódio, ciúme e inveja – estão profundamente aferradas em nosso próprio coração. Nesse momento, nosso coração de pedra pode ser transformado num coração vivo; um coração rebelde, num coração contrito, e um coração cerrado, num coração que pode se abrir a todos os que sofrem, num gesto de solidariedade.

Se alguém perguntasse aos Padres do Deserto por que a solidão dá origem à compaixão, eles diriam: "Porque ela nos faz morrer para o nosso próximo". A princípio, esta resposta parece bastante perturbadora para uma mentalidade moderna. Mas, quando lhe dispensamos um olhar mais atento, podemos perceber que, para estar a serviço do outro, precisamos morrer para eles; ou seja, precisamos desistir de medir nosso significado e valor utilizando os critérios alheios. Morrer para o nosso próximo significa parar de julgá-lo, parar de avaliá-lo, e, assim, nos tornar livres para ser compassivos.

A compaixão não pode jamais coexistir com o julgamento porque ele cria a distância, a distinção, que nos impedem de realmente estar com o outro.

Boa parte do nosso ministério se encontra impregnado de juízos. Muitas vezes inconscientemente, classificamos a nossa gente como muito boa, boa, neutra má e muito má. Esses julgamentos influenciam profundamente os pensamentos, palavras e ações de nosso ministério. Até que o reconheçamos, vamos cair na armadilha da profecia, que se cumpre por si mesma. Aqueles a quem consideramos preguiçosos, indiferentes, hostis ou desagradáveis, tratamos como tal, forçando-os a fazer jus ao nosso ponto de vista. E então, grande parte de nosso ministério é limitado pelas armadilhas de nosso próprio julgamento. Esses limites criados, por si mesmos, nos impedem de estar disponíveis para as pessoas e murcham a nossa compaixão.

"Não julgueis para não serdes julgados" é uma palavra de Jesus com a qual é difícil viver de acordo, mas ela contém o segredo de um ministério compassivo. Isso se torna claro em muitas histórias do deserto. O Aba Moisés, um dos seguidores de Santo Antão, disse a um irmão: "Morrer para o próximo é isso. Suportar suas próprias falhas e não prestar atenção a ninguém que se ponha a questionar se são boas ou más. Não fazer mal a ninguém, não cultivar nenhum pensamento mau em seu coração a respeito de ninguém, não desprezar alguém que faça o mal, não depositar confiança naquele que faça mal ao seu próximo, não se regozijar com aquele que ferir seu semelhante [...] Não alimentar sentimentos hostis para com ninguém e não deixar a antipatia dominar seu coração"[6]. E com a imagem tipicamente gráfica do deserto tudo se resume nestas palavras: "É insensato o homem que, tendo um morto em casa, deixa-o ali para chorar o morto de seu vizinho"[7].

A solidão nos leva à consciência do morto em nossa própria casa e nos impede de fazer julgamentos acerca dos pecados alheios. Dessa forma, o perdão real torna-se possível. A história do deserto que se segue ilustra bem isso: "Um irmão [...] cometeu uma falta. Um conselho, para o qual se convidou o Aba Moisés, foi nomeado, mas ele se recusou a comparecer. Então, o sacerdote enviou alguém para lhe dizer: 'Vem, pois todos estão esperando por ti'. Assim, ele se levantou e foi. Tomando nas mãos um jarro com um vazamento, encheu-o de água e o carregou consigo. Os outros foram ao seu encontro e perguntaram: 'O que é isso, pai?' O ancião lhes respondeu: 'Meus pecados expiram atrás de mim, e já não posso vê-los, mas hoje vim julgar o erro de outrem'. Ao ouvirem aquilo, as pessoas nada mais disseram ao irmão, mas o perdoaram[8].

---

6 Ibid., p. 120-121.
7 Ibid.
8 Ibid., p. 117.

O que se torna visível, aqui, é que a solidão é capaz de moldar moralistas em pessoas gentis, compassivas e clementes que estão tão profundamente convictas sobre seus próprios grandes pecados, e tão plenamente conscientes acerca de uma misericórdia divina ainda maior, que sua própria vida se torna um sacerdócio e em tal sacerdócio quase não há diferença entre o fazer e o ser. Quando estamos repletos da presença misericordiosa de Deus, não podemos fazer nada além de ministrar, porque todo o nosso ser é testemunho da luz que vem iluminar as trevas. Eis duas histórias do deserto que mostram esse ministério sensível e compassivo.

"Do Aba Amonas, um discípulo de Santo Antão, diz-se que, em sua solidão, 'avançara até o ponto em que sua bondade era tão grande que já não tomava conhecimento da maldade'. Assim, quando se tornou bispo, alguém levou a ele uma menina que estava grávida, e lhe disse: 'Vê o que fez essa desgraçada infeliz, dá a ela uma penitência!' Mas, tendo marcado o ventre da jovem com o sinal da cruz, ordenou que seis pares de lençóis de fino linho fossem ofertados a ela, e disse: 'Isso é por receio de que, quando vier a dar à luz, possa morrer, ela ou a criança, e não ter nada para o enterro'. Mas seus acusadores continuaram: 'Por que fazes isso? Dá-lhe uma punição'. No entanto, ele disse a eles: 'Vede, irmãos, ela está próxima da morte; o que poderia eu fazer?'

Assim, pediu que ela se fosse e nunca mais um ancião ousou acusar alguém"[9].

Essa história ilustra com perfeição como o indivíduo compassivo está tão consciente do sofrimento alheio que nem sequer lhe é possível se debruçar sobre os pecados do próximo. A segunda narrativa deixa claro o quão extremamente cuidadoso e sensível é um ministro compassivo.

"Três homens de idade, dentre os quais um tinha má reputação, um dia se aproximaram do Aba Aquiles. O primeiro lhe pediu: 'Pai, faz-me uma rede de pesca'. 'Eu não te farei uma rede', ele respondeu. Então, o segundo disse: 'Por caridade, faz uma rede, de modo que tenhamos uma lembrança tua no mosteiro'. Ele disse: 'Mas não tenho tempo'. E então o terceiro, que não gozava de boa reputação, falou: 'Faz para mim uma rede de pesca de modo que eu possa ter algo feito por tuas mãos, pai'. Aquiles lhe respondeu imediatamente: 'Para ti, farei uma'. Então, os outros dois homens lhe perguntaram confidencialmente: 'Por que não quiseste fazer o que te pedimos, mas prometeste fazer o que ele te pediu?' O ancião lhes respondeu: 'Eu vos disse que não iria fazer-vos uma rede e não vos mostrastes desapontados, desde que pensastes que eu não tinha tempo. Mas, se eu não fizesse uma rede para ele, então ele teria dito: 'O velho sábio teria ouvido falar sobre

---

9 Ibid., p. 23.

meus erros, e eis o porquê de não ter querido me fazer nada', e então a nossa relação teria ruído. Mas agora eu alegrei a sua alma, de modo que ele não será vencido pela mágoa"[10].

Aqui temos, de fato, o ministério em sua mais pura forma, um ministério compassivo nascido da solidão. Santo Antão e seus seguidores, que escaparam às compulsões mundanas, não o fizeram por desdém ao povo, mas com o escopo de salvá-los. Thomas Merton, que descreveu esses monges que nadaram por suas almas de modo a não se afogar no naufrágio de sua sociedade, observa:

> Eles sabiam que estariam incapacitados de fazer qualquer coisa de bom pelos outros enquanto se debatiam em meio aos destroços. Mas, uma vez que encontraram um ponto de apoio em terra firme, as coisas ficaram diferentes. Passaram, então, a ter não somente o poder, mas mesmo a obrigação de arrastar a todos em segurança, atrás de si[11].

Desse modo, na solidão e por meio dela, não nos afastamos das pessoas; ao contrário, nos aproximamos delas por meio do ministério compassivo.

Conclusão

Num mundo que nos ludibria com suas compulsões, somos chamados à solidão, onde podemos lutar contra

---

10 Ibid., p. 24-25.
11 MERTON, T. *Wisdom of the Desert*. Op. cit., p. 23.

nossa ira e nossa cobiça, e deixar nosso novo eu nascer do encontro amoroso com Cristo. É nela que nos tornamos pessoas compassivas, profundamente conscientes de nossa solidariedade para com o desalento de toda a humanidade e prontas para estender a mão a quem precisa.

O final da história de Santo Antão o retrata, após anos de ministério compassivo, retornando à sua solidão para ser totalmente absorvido em direção à comunhão com Deus. Uma das histórias do deserto nos conta sobre um certo velho sábio que pedira a Deus que o deixasse ver os Padres. Ele ouviu a sua prece e o ancião pôde ver a todos, com exceção de Santo Antão. "Então ele perguntou ao seu guia: 'Onde estará o Aba Antão?' Este lhe respondeu que o lugar onde Deus está é o mesmo em que estaria Santo Antão"[12]. É muito importante para nós observar que Santo Antão concluiu sua vida em total absorção em Deus. O objetivo da nossa não são as pessoas, é Deus. Somente nele devemos encontrar a quietude que procuramos. É, portanto, para a solidão que devemos retornar, não sozinhos, mas com todos aqueles a quem abraçamos por meio do nosso ministério. Esse retorno continua até o momento em que o mesmo Deus que nos enviou ao mundo nos chama de volta a Ele, numa comunhão sem fim.

---

12 WARD, B. (trad.). *The Sayings of the Desert Fathers*. Op. cit., p. 6.

2
Silêncio

Introdução

Quando Arsênio, o educador romano que trocou seu *status* e riqueza pela solidão do deserto egípcio, orou: "Senhor, guia-me no caminho da salvação", ouviu uma voz que dizia: "Fica em silêncio". O silêncio complementa e intensifica a solidão, e essa é a convicção compartilhada pelos Padres do Deserto. Uma história fascinante sobre o Abade Macário toca nesse ponto com perfeição: "Certa vez, o Abade Macário, depois de ter dado a bênção aos irmãos na igreja de Scete, lhes disse: 'Irmãos, retirai-vos'. Um dos anciãos replicou: 'Como podemos nos retirar mais do que isso, visto que já estamos no deserto?' Então, Macário colocou o dedo em seus lábios, dizendo: 'Retirai-vos a partir daí'. Dito isso, ele entrou em sua cela e fechou a porta"[13].

O silêncio é o meio de tornar a solidão uma realidade. Os Padres do Deserto o louvavam como o caminho mais seguro para Deus. "Muitas vezes, me arrependi de ter falado", disse

---

[13] HANNAY, J.O. *The Wisdom of the Desert*. Londres: Methuen, 1904, p. 206.

Arsênio, "mas nunca de ter permanecido em silêncio". Um dia, o Arcebispo Teófilo foi ao deserto em visita ao Aba Pambo, mas o aba não falou com ele. Quando os irmãos finalmente disseram a Pambo: "Pai, dize algo ao arcebispo, para que ele se sinta edificado", ele replicou: "Se não foi edificado pelo meu silêncio, não será edificado pela minha fala"[14].

O silêncio é uma disciplina indispensável à vida espiritual. Desde que São Tiago descreveu a língua como "um mundo de maldade", e o silêncio, como colocar um freio na boca de um cavalo (Tg 3,3), os cristãos tentam praticá-lo como uma forma de autocontrole. Manifestamente, ele é uma disciplina necessária em muitas situações diversas: no ensino e aprendizado, na pregação e no culto, na visita e no aconselhamento. É uma disciplina bastante concreta, prática e útil em todas as incumbências ministeriais, pode ser percebido como uma cela portátil que levamos conosco, a partir de nosso espaço solitário, para o seio de nosso ministério. O silêncio é a solidão praticada na ação.

Nessa reflexão, eu gostaria, primeiramente, de salientar o quão prolixo nosso mundo se tornou. Então, quero descrever o grande valor do silêncio nesse universo verbal. Finalmente,

---

14 WARD, B. (trad.). *The Sayings of the Desert Fathers*. Op. cit., p. 69.

espero mostrar como o silêncio pode ser um sinal da presença de Deus nas diferentes formas do ministério.

Nosso mundo prolixo

Ao longo das últimas décadas, temos sido inundados por uma torrente de palavras. Onde quer que vamos, estaremos cercados por elas: as suavemente sussurradas, ruidosamente proclamadas ou colericamente gritadas; as escritas, declamadas ou cantadas; em registros, nos livros, nos muros ou no céu; em muitos sons, muitas cores ou muitas formas; para serem ouvidas, lidas, vistas ou vislumbradas; as que piscam, movem-se lentamente, dançam, pulam ou se contorcem. Palavras, palavras e mais palavras! Elas formam o chão, as paredes e o teto de nossa existência.

Nem sempre foi assim. Houve um tempo, não muito distante, sem rádios e televisões, sinais de parada, de "dê a preferência", de convergência, adesivos nos parachoques e os onipresentes anúncios indicando aumento de preços ou ofertas especiais. Houve um tempo em que não existiam os anúncios que agora cobrem cidades inteiras com palavras.

Recentemente, eu estava dirigindo por Los Angeles e, subitamente, tive a estranha sensação de estar guiando em meio a um vasto dicionário. Para onde eu olhasse, havia palavras tentando tirar meus olhos da rua. Elas diziam: "Use-me, leve-me, compre-me, beba-me, cheire-me, toque-me, beije-me, durma comigo". Num mundo assim, quem consegue manter o respeito pelas palavras?

Tudo isso é para sugerir que elas, incluindo as minhas, perderam o seu poder criativo. Sua multiplicação ilimitada nos fez perder a confiança nelas, e nos levou a pensar, com mais frequência do que se poderia esperar: "São apenas palavras".

Os professores falam para os alunos por seis, doze, dezoito e, às vezes, vinte e quatro anos, mas os alunos, não raro, emergem dessa experiência com um sentimento de: "Eram apenas palavras". Os sacerdotes pregam seus sermões semana após semana e, muitas vezes, pensam: "São apenas palavras". Políticos, empresários, aiatolás e papas proferem discursos e fazem afirmações "oportuna e inoportunamente", mas aqueles que escutam dizem: "São apenas palavras... Só mais uma distração".

O resultado disso é que a principal função da palavra, que é a comunicação, não é mais cumprida. Ela já não comunica, não promove a comunhão, não cria o senso comunitário e, assim, já não oferece um terreno de confiança em que as pessoas possam conhecer umas às outras e construir a sociedade.

Estaria eu exagerando? Concentremo-nos por um momento na educação teológica. Qual seria o objetivo dela, senão o de nos aproximar do Senhor Nosso Deus, para que possamos ser mais fiéis ao grande mandamento de amá-lo "de todo coração, de toda alma e de todo espírito e ao próximo como a ti mesmo?" (Mt 22,37). Seminários e escolas de teologia devem guiar os estudantes em uma comunhão cada vez maior com Cristo, com o próximo, e com os demais seres humanos. A educação teológica se destina a formar a nossa pessoa como um todo, para uma conformidade crescente com o Espírito de Cristo, de modo que nossa forma de orar e nosso modo de crer sejam únicos.

Mas é isso o que acontece? Muitas vezes parece que nós, que estudamos ou ensinamos teologia, nos encontramos envolvidos em uma rede tão complexa de discussões, debates e argumentos a respeito de Deus e dos "assuntos divinos", que uma simples conversa com Ele ou uma simples presença diante dele se torna praticamente impossível. Nossa elevada capacidade verbal, que nos permite fazer muitas distinções, tem às vezes se tornado um substituto empobrecido para um compromisso reto com a Palavra que é a vida. Se há uma crise na educação teológica, ela é antes de tudo uma crise mundial. Isso não quer dizer que o trabalho intelectual crítico e as sutis distinções que ele exige não tenham lugar na formação teológica. Mas quando nossas palavras já não são um reflexo da Palavra Divina, na qual e por meio da qual o mundo foi criado e redimido, elas perdem seu fundamento e se tornam tão sedutoras e enganadoras como aquelas usadas para vender Geritol®[15].

Houve um tempo em que o meio óbvio para a educação teológica era o monastério. Ali, as palavras nasciam do silêncio e conseguiam levar a um aprofundamento maior nele. Embora os mosteiros já não sejam os lugares mais comuns para uma educação teológica, o silêncio permanece tão indispensável hoje como ele o fora no passado. A Palavra de Deus tem origem em seu eterno silêncio, e é esta Palavra de silêncio que queremos testemunhar.

Silêncio

O silêncio é a morada da palavra, ele fortifica e fecunda o mundo. Podemos até mesmo dizer que as palavras se destinam a divulgar o mistério dele de onde provêm.

O filósofo taoísta Chuang Tzu expressa isso muito bem, da seguinte maneira:

> O propósito de uma rede de peixes é pegar peixes e, quando os peixes são pegos, a rede é esquecida. O propósito de uma armadilha de coelhos é pegar coelhos. Quando os coelhos são pegos, a armadilha é

---

[15] Complexo vitamínico vendido nos Estados Unidos.

esquecida. O propósito da palavra é transmitir ideias. Quando as ideias são absorvidas, as palavras são esquecidas. Onde posso encontrar um homem que tenha esquecido as palavras? Esse homem é aquele com quem eu gostaria de falar"[16].

"Eu gostaria de falar com o homem que tenha esquecido as palavras". Isso poderia ter sido dito por um dos Padres do Deserto. Para eles, a palavra é o instrumento do mundo presente, e o silêncio é o mistério do mundo futuro. Se uma palavra está dando frutos, ela deve ser dita a partir do mundo futuro para o mundo presente. Os Padres do Deserto, portanto, consideravam suas incursões ao silêncio do deserto como o primeiro passo em direção ao mundo futuro. A partir desse mundo, as palavras poderiam frutificar, porque ali se encheriam do poder do silêncio de Deus.

Nos ditos dos Padres do Deserto podemos distinguir três aspectos do silêncio. Todos aprofundam e fortalecem a ideia central de que ele é o mistério do mundo futuro. Em primeiro lugar, o silêncio nos faz peregrinos. Em segundo, guarda o fogo interior. E, em terceiro, nos ensina a falar.

---

16 MERTON, T. *The Way of Chuang Tzu*. Nova York: New Directions, 1965, p. 154.

O silêncio nos faz peregrinos

O Aba Tithoes disse certa vez: "A peregrinação significa que o homem deve controlar sua língua". A expressão "estar em peregrinação é estar em silêncio" (*peregrinatio est tacere*) expressa a convicção dos Padres do Deserto de que ele é a melhor antecipação do mundo futuro[17]. O argumento mais frequente para o silêncio é simplesmente o de que as palavras levam ao pecado. Não falar, portanto, é a maneira mais óbvia de se manter longe do pecado. Essa conexão é claramente expressa pelo Apóstolo São Tiago: "Porque todos nós falhamos em muitas coisas. Se alguém não comete falta por palavra, já é homem perfeito, capaz de governar com freio todo o corpo" (Tg 3,2).

O apóstolo não deixa dúvida de que falar sem incorrer no pecado é muito difícil e que, se quisermos permanecer intocados pelos pecados do mundo em nossa jornada para a nossa morada eterna, o silêncio é o caminho mais seguro. Desse modo, ele se torna uma das disciplinas centrais da vida espiritual. São Bento, o pai da vida monástica no Ocidente e santo padroeiro da Europa, deposita grande ênfase no silêncio, em sua Regra. Ele cita o salmista, que diz: "Vigiarei minha conduta para não pecar com a língua. Manterei uma mordaça na minha boca [...]" (Sl 39,1). O santo não apenas

---

17 WARD, B. (trad.). *The Sayings of the Desert Fathers*. Op. cit., p. 198.

adverte seus irmãos com respeito à fala maligna, mas também lhes pede que evitem as palavras boas, santas e edificantes, pois, como está escrito no livro dos Provérbios, "⁹No muito falar não faltará o pecado" (Pr 10,19). Falar é perigoso e facilmente nos afasta do caminho reto.

A ideia central subjacente a esses ensinamentos ascéticos é a de que falar nos envolve nos assuntos mundanos, e é muito difícil estar envolvido sem ser enredado pelo mundo e corrompido por ele. Os Padres do Deserto e todos os que seguiram seus passos "sabiam que todas as conversas tendiam a lhes interessar nesse mundo, a torná-los, de coração, menos estrangeiros, aqui, que cidadãos"[18].

Isso pode parecer demasiado irreal para nós, mas vamos, ao menos, reconhecer quantas vezes saímos de uma conversa, uma discussão, um encontro social ou uma reunião de negócios sem um gosto amargo na boca. Com que frequência as longas conversas provam ser boas e frutíferas? Não seria melhor que muitas, senão a maioria das palavras que usamos, ficassem sem ser ditas? Falamos sobre os acontecimentos mundanos, mas quantas vezes nós realmente os mudamos para melhor? Falamos sobre pessoas e seu modo de ser, mas quantas vezes as nossas palavras fazem, a nós ou a elas, algum

---

[18] HANNAY, J.O. *The Wisdom of the Desert*. Op. cit., p. 205.

bem? Falamos sobre nossas ideias e sentimentos como se todos estivessem interessados neles, mas quantas vezes realmente nos sentimos compreendidos? Falamos muito sobre Deus e religião, mas quantas vezes isso nos traz, ou aos outros, um verdadeiro entendimento? As palavras com frequência nos deixam com uma sensação de derrota interior. Elas podem mesmo criar uma sensação de entorpecimento e de estar atolado em terreno pantanoso. Com frequência nos deixam levemente deprimidos, ou envoltos numa névoa que encobre a janela de nossa mente. Em resumo, as palavras podem nos dar a sensação de ter parado por tempo demais em um dos vilarejos pelos quais passamos durante nossa viagem, de termos sido motivados mais pela curiosidade do que pelo serviço. Elas nos fazem esquecer com frequência de que somos peregrinos chamados a convidar o outro a se juntar a nós em nossa jornada (*Peregrinatio est tacere.* "Estar em silêncio faz de nós peregrinos").

O silêncio guarda o fogo interior

Um segundo – e mais positivo – significado para o silêncio é o de que ele protege o fogo interior, guarda o calor interior das emoções religiosas. Esse calor é a vida do Espírito Santo dentro de nós. Assim, o silêncio é a disciplina pela qual o fogo interior de Deus é cuidado e mantido vivo.

Diádoco de Fótica nos oferece uma imagem bastante concreta: "Quando a porta da sauna é continuamente deixada aberta, o calor em seu interior rapidamente escapa através dela; do mesmo modo a alma, no seu desejo de dizer muitas coisas, dissipa a sua memória de Deus por meio da porta da fala, mesmo que tudo o que ela diga possa ser bom. Posteriormente, o intelecto, apesar de lhe faltarem ideias apropriadas, derrama uma confusão de pensamentos ambíguos sobre todos que encontra, pois já não tem o Espírito Santo para manter seu entendimento livre de fantasia. Ideias valorosas sempre evitam a verbosidade, mantendo-se alheias à confusão e à fantasia. O silêncio oportuno, então, é precioso, pois é nada menos que a mãe dos mais sábios pensamentos"[19].

As palavras de Diádoco vão na contramão de nosso estilo de vida contemporâneo, no qual "compartilhar" nosso cotidiano tornou-se uma das maiores virtudes. Fomos talhados para acreditar que os sentimentos, as emoções e mesmo as agitações interiores de nossa alma devem ser divididos com os outros. Expressões como "brigado por dividir isso comigo" ou "foi bom dividir isso com você", mostram que a porta de

---

19 DIADOCHUS OF PHOTIKI. "On Spiritual Knowledge and Discrimination: One Hundred Texts". *The Philokalia*. Vol. 1. Londres/Boston: Faber & Faber, 1979, p. 276 [Compilado por São Nicodemos da Montanha Sagrada e São Macário de Corinto. Trad. e org. por G.E.H. Palmer, Phillip Sherrard e Kallistos Ware].

nossa sauna a vapor está aberta na maior parte do tempo. Na verdade, pessoas que preferem se manter reservadas e não expor sua vida interior tendem a criar mal-estar e são muitas vezes consideradas inibidas, antissociais ou, simplesmente, estranhas. Mas vamos ao menos levantar o questionamento sobre se o nosso generoso modo de compartilhar os pormenores da vida não seria mais compulsivo do que virtuoso; se, em vez de promover a comunhão, ele não tende a nivelar as nossas vidas conjuntamente. Com frequência, chegamos em casa, após uma sessão de compartilhamento, com a sensação de que algo precioso nos foi tirado, ou que se pisoteou um terreno sagrado. James Hannay, ao comentar sobre os ditos dos Padres do Deserto, escreve:

> A boca não é uma porta por meio da qual todo o mal entra. As orelhas são essas portas, como o são os olhos. A boca é uma porta de saída, apenas. O que é que eles (os Padres do Deserto) temiam deixar sair? O que é que alguém poderia roubar de seus corações, como um ladrão leva o corcel do estábulo quando a porta é deixada aberta? Isso pode ter sido nada mais do que a força da emoção religiosa[20].

O que precisa ser guardado é a vida do Espírito dentro de nós. Especialmente porque queremos testemunhar a

---

20 HANNAY, J.O. *The Wisdom of the Desert*. Op. cit., 205-206.

presença do Espírito de Deus no mundo, precisamos cuidar do fogo interno com o máximo cuidado. Não é de se estranhar que muitos ministros tenham se tornado casos apagados, pessoas que dizem muitas palavras e compartilham muitas experiências, mas em quem o fogo do Espírito de Deus está morto e de quem não se ouve muito além de suas ideias e sentimentos enfadonhos e mesquinhos. Às vezes parece que nossas muitas palavras são mais uma expressão de nossa dúvida do que de nossa fé. É como se não tivéssemos a certeza de que o Espírito de Deus pode tocar o coração das pessoas: temos que ajudá-lo e, com muitas palavras, convencer os outros de seu poder. Mas é precisamente essa prolixa incredulidade o que apaga o fogo.

Nossa primeira e principal tarefa é cuidar fielmente do fogo interior de modo que, quando for realmente necessário, ele possa oferecer calor e luz aos viajantes perdidos. Ninguém expressou isso com mais convicção do que o pintor holandês Vincent van Gogh:

> Pode haver um grande fogo em nossa alma, contudo ninguém nunca se chega a ele para se aquecer, e os transeuntes só veem um punhado de fumaça saindo pela chaminé, e seguem seu caminho. E agora, o que deve ser feito? Deve-se cuidar do fogo interior, ter sal em si mesmo, esperar pacientemente – mas com quanta

impaciência! – pela hora em que alguém virá e se sentará (para ficar, talvez)? Que aquele que crê em Deus espere pela hora que chegará, mais cedo ou mais tarde[21].

Vincent van Gogh fala, aqui, com o espírito e o coração dos Padres do Deserto. Ele conhecia a tentação de se abrir todas as portas, de modo que os passantes pudessem ver o fogo e não apenas a fumaça saindo pela chaminé. Mas também percebeu que, se isso acontecesse, o fogo se apagaria e ninguém encontraria calor e uma força nova. Sua própria vida é um poderoso exemplo de lealdade ao fogo interior. Enquanto viveu, ninguém veio se sentar perto de seu fogo, mas hoje milhares encontram conforto e consolo em seus desenhos, pinturas e cartas.

Como ministros, nossa maior tentação é usar palavras em excesso. Elas enfraquecem a nossa fé e nos tornam indiferentes, mas o silêncio é uma disciplina sagrada, é a guarda do Espírito Santo.

O silêncio nos ensina a falar

A terceira forma em que o silêncio se revela como mistério do mundo futuro é pelo ensinamento da fala. Uma palavra com poder é a que vem do silêncio, aquela que frutifica é a

---

21 VAN GOGH, V. *The Complete Letters of Vincent van Gogh*. Vol. 1. Grenwich, Con.: New York Graphic Society, 1957, p. 197.

que emerge do silêncio e a ele retorna. É uma palavra que nos recorda o silêncio de onde a mesma provém e nos leva de volta a ele. A que não está enraizada no silêncio é fraca e impotente como "bronze que soa ou tímpano que retine" (1Cor 13,1).

Tudo isso só é verdadeiro quando o silêncio que origina a palavra não representa vazio e ausência, mas plenitude e presença; não o silêncio humano do embaraço, da vergonha ou da culpa, mas o divino no qual o amor repousa em segurança.

Aqui podemos vislumbrar o grande mistério do qual participamos por meio do silêncio e da Palavra, o mistério da própria fala de Deus. Em seu silêncio eterno, Ele pronunciou a Palavra e, através dela, criou e recriou o mundo. No princípio, Deus verbalizou a terra, o mar e o céu. Verbalizou o sol, a lua e as estrelas. Verbalizou as plantas, os pássaros, os peixes, os animais ferozes e os mansos. Finalmente, verbalizou o homem e a mulher. Então, na plenitude dos tempos, a Palavra de Deus, por meio da qual tudo foi criado, se fez carne e concedeu o poder, a todos os que creem, de se tornarem filhos dele. Em tudo isso, ela não rompe o silêncio de Deus, e sim revela a imensurável riqueza de seu silêncio.

Ao entrar no deserto egípcio, os monges desejavam fazer parte do silêncio divino. Ao falar, por esse silêncio, às necessidades de seu povo, buscavam participar do poder criador e recriador da Palavra divina.

As palavras só têm o poder de criar a comunhão e, assim, uma vida nova, quando personificam o silêncio do qual emergem. Tão logo passamos a nos apoderar uns dos outros por meio de nossas palavras, e a usá-las para nos defender ou ofender o outro, a palavra já não fala do silêncio. Mas, quando ela evoca a tranquilidade conciliadora e restauradora de seu próprio silêncio, poucas são necessárias: muito pode ser dito sem que muito seja falado.

Dessa forma, o silêncio é o mistério do mundo futuro, ele nos mantém peregrinos e nos impede de nos enredar nas inquietações desta era. Ele guarda o fogo do Espírito Santo que habita em nós, permite que pronunciemos uma palavra que participa do poder criador e recriador da Palavra de Deus.

O ministério do silêncio

Ficamos agora com a questão sobre como praticar o ministério do silêncio no qual nossa palavra tem o poder de representar a plenitude do silêncio de Deus. Esse é um importante questionamento, porque nos tornamos tão contaminados por nosso mundo prolixo que sustentamos a enganosa opinião de que nossas palavras são mais importantes do que o nosso silêncio. Por isso, fazer com que o nosso ministério guie nossa gente em meio ao silêncio de Deus é algo que requer uma disciplina árdua. Essa é a tarefa que nos foi dada por Jesus, todo o ministério dele se volta para o Pai que o enviou. Para seus discípulos, Ele disse: "As palavras que vos digo não as digo por mim mesmo. O Pai que habita em mim é que realiza suas obras" (Jo 14,10). Jesus, a Palavra de Deus feita carne, falava não com objetivo de atrair a atenção para si, mas para mostrar o caminho que leva a seu Pai: "Saí do Pai e vim ao mundo. Agora deixo o mundo e volto para junto do Pai" (Jo 16,28). [...] Eu vou preparar-vos um lugar [...] para que, onde eu estiver, estejais também vós (Jo 14,2-3). Para ser um ministério em nome de Jesus, nosso ministério também deve apontar para além de nossas palavras, em direção ao mistério inefável de Deus.

Um de nossos principais problemas é que nesta sociedade loquaz o silêncio se tornou algo bastante temeroso. Para a maioria das pessoas ele cria irritação e nervosismo. Muitos o experimentam não como algo pleno e rico, mas vazio e sem valor. Para eles, o silêncio é como um abismo escancarado, que pode engoli-los. Assim que um ministro diz durante a missa: "Fiquemos em silêncio por um momento", as pessoas tendem a se tornar inquietas e preocupadas com um só pensamento: "Quando isso chegará ao fim?" O silêncio imposto muitas vezes cria hostilidade e ressentimento. Muitos ministros que o experimentaram nas cerimônias logo descobriram que ele pode ser mais demoníaco que divino, e rapidamente captaram os sinais que diziam: "Continue falando, por favor". É perfeitamente compreensível que a maioria das formas de ministério evite o silêncio, precisamente, de modo a afastar a ansiedade que isso provoca.

Porém, não é o propósito de todo ministério revelar que Deus não é um Pai de medo, mas de amor? E isso não poderia ser feito convertendo gentil e cuidadosamente o silêncio vazio num pleno, o silêncio ansioso num tranquilo e o silêncio inquieto num sereno, de modo que nesse silêncio convertido um encontro real com o Pai amoroso pudesse ter vez? Que poder teria a nossa palavra se ela pudesse permitir às pessoas proteger o seu silêncio! Deixe-me descrever algumas maneiras concretas em que isso poderia acontecer.

Silêncio e pregação

Nossa pregação, quando é boa, soa interessante ou tocante e, às vezes, ambas as coisas. Ela estimula mente e coração e, assim, leva a um novo entendimento ou a uma nova percepção. Mas há outra opção, que é especialmente apropriada quando trabalhamos com grupos pequenos.

Existe um modo de pregar em que a palavra da escritura é repetida discreta e regularmente, com um breve comentário aqui e ali, de modo a deixar que ela crie um espaço interno onde possamos escutar ao Nosso Senhor. Se é verdade que ela deve nos conduzir ao silêncio de Deus, então precisamos ser cautelosos no uso da palavra, que deve ser vista não simplesmente como algo interessante ou motivador, mas que cria as fronteiras em que podemos ouvir a amorosa, cuidadosa e gentil presença do Pai.

A maioria das pessoas que escutam um sermão mantêm os olhos discretamente na direção do pregador, e acertadamente, porque ele pede atenção à palavra que está sendo dita. Mas também é possível que a mesma seja dita de tal modo que lentamente desloque a atenção do púlpito para o coração do ouvinte e revele ali um silêncio interior no qual é seguro habitar.

As simples palavras "O Senhor é meu Pastor" podem ser ditas discreta e persistentemente, de um modo tal que elas se tornem como uma cerca à volta de um jardim no qual o pastoreio de Deus pode ser pressentido. Essas, que a princípio podem parecer nada mais do que uma interessante metáfora, conseguem descer devagar da mente ao coração. Ali, podem oferecer o contexto em que uma transformação interior, pelo Pai que transcende todas as palavras e conceitos humanos, é capaz de se realizar. Dessa forma, as palavras "O Senhor é meu Pastor" levam às pradarias silenciosas onde podemos habitar em sua amorosa presença, em cujo Nome o pregador se pronuncia. Essa pregação meditativa é um meio de praticar o ministério do silêncio.

Silêncio e aconselhamento

O aconselhamento é entendido por muitos como um meio pelo qual uma pessoa ouve outra, e a guia em direção a um maior autoentendimento e a uma maior independência emocional. Mas também é possível vivenciar a relação entre o pastor e aquele que recebe o aconselhamento como uma maneira de entrarem juntos no silêncio amoroso de Deus e ali esperar pela conciliadora Palavra. O Espírito Santo é chamado o Conselheiro Divino. Ele está ativamente presente na vida daqueles que se reúnem para discernir a vontade de Deus. É por isso que conselheiros humanos devem entender como tarefa primordial o trabalho de ajudar seus paroquianos a tomar consciência dos passos do Conselheiro Divino e encorajá-los a seguir sem medo esses passos. Nesta perspectiva, o aconselhamento pastoral é a tentativa de levar os paroquianos temerosos ao silêncio de Deus, e a ajudá-los a se sentir em casa ali, confiando que irão descobrir, vagarosamente, a presença conciliadora do Espírito.

Isso sugere que o conselheiro humano necessita estar muito sensível às palavras da escritura como palavras que se originam do silêncio de Deus e se dirigem a pessoas e em circunstâncias específicas. Quando uma palavra da escritura é dita por um conselheiro num momento particular em que o paroquiano é capaz de escutá-la, ela pode realmente derrubar enormes muralhas de medo e abrir inesperadas perspectivas. Essa palavra, então, carrega em si o divino silêncio do qual proveio e para o qual retorna.

Silêncio e organização

Gostaria, por fim, de salientar a importância do silêncio nas formas como o ministro organiza sua própria vida e as dos outros. Em uma sociedade na qual o entretenimento e a distração são preocupações tão relevantes, eles também são tentados a se juntar à fileira dos que consideram como sua principal incumbência manter as pessoas ocupadas. É fácil perceber os jovens e os idosos como pessoas que precisam ser mantidas fora das ruas ou circulando nelas. E, com frequência, os ministros se veem numa competição cruel com pessoas e instituições que oferecem algo mais excitante para se fazer do que eles.

Mas a nossa missão é o oposto da distração. Nosso objetivo é ajudar as pessoas a se concentrar, no evento real, mas muitas vezes oculto, da ativa presença de Deus em suas vidas. Por isso, a questão que deve guiar toda atividade organizadora em uma paróquia não diz respeito a como manter as pessoas ocupadas, mas a como impedir que se tornem tão ocupadas a ponto de já não conseguirem ouvir a voz de Deus que fala em silêncio.

Reunir pessoas, portanto, significa afastá-las da loquacidade fragmentária e perturbadora do mundo das trevas, em direção ao silêncio no qual elas podem descobrir a si mesmas, umas às outras, e a Deus. Assim, a organização pode ser entendida como a criação de um espaço onde a comunicação se torna possível e a comunidade se desenvolve.

Esses exemplos de silêncio na pregação, no aconselhamento e organização, se destinam a mostrar como ele pode ajudar a determinar o perfil prático de nosso ministério. Mas não sejamos tão literais em relação a ele. Afinal, o silêncio do coração é muito mais importante do que o da boca. O Aba Poemen disse: "Um homem pode parecer estar em silêncio, mas se seu coração está condenando alguém, ele tagarela sem cessar. E pode haver outro que fale da manhã à noite e, no entanto, esteja verdadeiramente em silêncio"[22].

---

22 WARD, B. (trad.). *The Sayings of the Desert Fathers.* Op. cit., p. 143.

Ele é, primordialmente, uma qualidade do coração que leva a uma crescente caridade. Certa vez um visitante disse a um eremita: "Desculpe-me por fazê-lo infringir sua regra". Mas o monge respondeu: "Minha regra é praticar a virtude da hospitalidade para com aqueles que me visitam e enviá-los de volta à casa em paz"[23].

A caridade, não o silêncio, é o propósito da vida espiritual e do ministério. A respeito disso, todos os Padres do Deserto são unânimes.

Conclusão

Chego, com isso, ao fim de minha reflexão sobre o silêncio. Em nosso mundo prolixo, no qual a palavra tem perdido o seu poder de comunicação, o silêncio ajuda a manter nosso espírito e o nosso coração ancorados no mundo futuro, e nos permite pronunciar, dali, uma palavra criadora e recriadora ao mundo presente. Desse modo, ele também nos oferece uma direção na prática de nosso ministério.

Sem dúvida, os Padres do Deserto acreditavam que simplesmente ficar sem falar era uma prática muito importante. Com muita frequência, nossas palavras são supérfluas,

---

23 BREMOND, J. *Les Pères Du Désert*. Vol. 2. Paris: Librairie Victor Lecoffre, 1927, p. 371.

inautênticas e superficiais. É uma boa disciplina se perguntar, a cada nova situação, se as pessoas não seriam mais bem servidas pelo nosso silêncio do que por nossas palavras. Mas, tendo reconhecido isso, uma mensagem mais importante do deserto é a de que o silêncio é, acima de tudo, uma qualidade do coração, que pode permanecer conosco mesmo quando conversamos com os outros. É uma cela portátil que carregamos onde quer que vamos. Nela falamos aos necessitados, e a ela retornamos depois que nossas palavras frutificam.

É nessa cela portátil que nos encontramos imersos no silêncio divino. A questão decisiva com respeito ao nosso ministério de silêncio não é se falamos muito ou pouco, mas se nossas palavras invocam o silêncio cuidadoso do próprio Deus. É a esse silêncio que todos somos chamados: as palavras são o instrumento do mundo presente, mas o silêncio é o mistério do mundo futuro.

3
Oração

Introdução

Quando Arsênio pediu pela segunda vez: "Senhor, guiai-me pelo caminho da salvação", a voz que lhe falava não apenas disse: "Fica em silêncio", mas também: "Ora sempre". Orar sempre: eis o real propósito da vida do deserto. A solidão e o silêncio nunca podem ser separados do chamado à oração incessante. Se a solidão fosse essencialmente a evasão de alguma tarefa absorvente e o silêncio, essencialmente, a fuga de um ambiente barulhento, poderiam facilmente se transformar em formas de ascetismo muito egocêntricas, mas ambos se destinam à oração. Os Padres do Deserto não pensavam na solidão como o fato de estar a sós, mas de estar com Deus. Não pensavam no silêncio como sinônimo de não falar, mas de escutá-lo, os dois são o contexto em que a oração é praticada.

A tradução literal das palavras "ora sempre" é "vem repousar", que em grego significa *hesychia*, e hesicasmo é o termo que se refere à espiritualidade do deserto. Um hesicasta é o homem ou mulher que busca a solidão e o silêncio como caminhos para a oração incessante, sua prece é uma oração de repouso. Este repouso, contudo, pouco tem a ver com a ausência de conflito ou dor. É um repouso em Deus, em meio a uma batalha cotidiana muito intensa. O Aba Antão chega a dizer a um monge contemporâneo que é parte "da grande obra de um homem [...] esperar por tentações até o seu último suspiro". *Hesychia*, o repouso que flui da prece contínua, precisa ser buscado a todo custo, mesmo quando a carne é fraca, o mundo, sedutor, e os demônios, ruidosos. Madre Teodora, uma das Madres do Deserto, deixa bem claro: "[...] deve-se dar conta de que, tão logo se planeje viver em harmonia, sem demora o mal se aproxima e aflige a alma por meio da *accidie* (sensação de enfado), da pusilanimidade e dos maus pensamentos. Ele também ataca o organismo pela doença, debilidade, fraqueza nos joelhos e todos os membros. Dissipa as forças da alma e do corpo, de modo que se acredite que se esteja doente e não mais apto a orar. Mas, se nos mantemos vigilantes, todas essas tentações se esvaem"[24].

Embora provavelmente a fraqueza nos joelhos não seja a principal queixa, para nós, ministros, não nos faltam

---

[24] WARD, B. (trad.). *The Sayings of the Desert Fathers*. Op. cit., p. 71.

desculpas, muitas vezes extremamente sofisticadas, para ficar longe da oração. Entretanto, ela continua tão importante para nós quanto foi para os Padres do Deserto. Deixe-me, portanto, explorar o papel da oração em nossa vida cotidiana. Primeiramente, expressarei a minha suspeita de que nós temos uma tendência de vê-la principalmente como uma atividade mental. Então, gostaria de apresentar a prece dos hesicastas como uma prece do coração. Finalmente, desejo mostrar como essa oração do coração exige uma disciplina, para que se torne o centro de nosso ministério diário.

A oração da mente

Pouquíssimos ministros vão negar que a oração seja importante. Nem mesmo negarão que ela seja a dimensão mais importante de suas vidas. Mas o fato é que a maioria dos ministros ora muito pouco ou nada. Eles têm consciência de que não deveriam se esquecer de rezar, de que deveriam reservar um tempo para isso, e de que a oração deveria ser uma prioridade em sua vida. Mas todos esses "deveres" não têm o poder de transpor o enorme obstáculo de seu ativismo. Sempre há mais um telefonema, mais uma carta, mais uma vista, mais um encontro, mais um livro e mais uma festa. Juntas, tais atividades formam uma pilha intransponível. O contraste entre o grande apoio à ideia da oração e a falta de apoio à sua prática é tão visível que fica difícil acreditar nos ardis do maligno que Madre Teodora descreveu em detalhes tão vívidos.

Um desses ardis demoníacos é fazer com que pensemos na oração essencialmente como uma atividade da mente que envolve acima de tudo as nossas capacidades intelectuais. Essa predisposição reduz a oração a falar com Deus ou pensar nele.

Para muitos de nós, a oração não significa nada além de falar com Deus. E, uma vez que essa parece ser uma atividade bastante unilateral, a reza quer dizer simplesmente uma conversa com Ele. Essa ideia é suficiente para criar grandes frustrações: se eu apresento um problema, espero uma solução; se formulo uma pergunta, espero uma resposta; se peço uma orientação, espero uma réplica. E quando parece, cada vez mais, que estou falando no escuro, não é de estranhar que logo comece a suspeitar de que o meu diálogo com Deus seja, na verdade, um monólogo. Então começo a me perguntar: com quem eu realmente converso, com Deus ou comigo mesmo?

Às vezes, a ausência de uma resposta faz com que nos indaguemos se não fizemos o tipo errado de oração, mas, na maioria das vezes, sentimo-nos aprisionados e enganados, e rapidamente encerramos "essa coisa tão estúpida". É perfeitamente compreensível que consideremos muito mais significativo falar com pessoas reais que precisam de uma palavra, e oferecem uma resposta, do que falar com um Deus que parece ser um especialista no jogo de esconde-esconde.

Mas há outro ponto de vista que pode conduzir a frustrações semelhantes. Trata-se daquele que restringe o sentido da oração a pensar em Deus. Chamarmos a isso de prece ou meditação pouca diferença faz. A convicção básica é a de que é necessário fixar o pensamento nele e seus mistérios. A prece, assim, requer árduo trabalho mental e é realmente fatigante, especialmente se o pensamento reflexivo não é uma de nossas virtudes. Como já temos em mente outras tantas questões práticas e de urgência, pensar em Deus se torna mais uma exigente responsabilidade, e isso é especialmente verdadeiro porque pensar nele não é um evento espontâneo, enquanto que pensar sobre interesses urgentes é bem natural.

Pensar no Pai acaba por torná-lo um tema que precisa ser escrutinado ou analisado. Dessa forma, a oração bem-sucedida é aquela que leva a novas descobertas intelectuais sobre Deus. Assim como um psicólogo, ao estudar um caso, procura alcançar um discernimento, tentando encontrar coerência em todos os dados disponíveis, alguém que reza corretamente deve vir a compreender melhor a Deus ao pensar profundamente a respeito de tudo o que se sabe sobre Ele.

Ao pensar em Deus, assim como ao falar com Ele, a nossa tolerância à frustração é muito baixa, e não é preciso muito para cessar por completo com a oração. Ler um livro ou escrever um artigo ou sermão é bem mais satisfatório do que essa peregrinação mental ao desconhecido.

Ambos esses pontos de vista sobre a oração são produtos de uma cultura em que se dá alto valor ao domínio do mundo por meio do intelecto. A ideia que prevalece é a de que tudo pode ser entendido, e o que pode ser entendido pode ser controlado. Também Deus é um problema a que podemos encontrar a solução com esforços vigorosos do intelecto. Assim, não é tão estranho que a beca acadêmica seja o traje oficial do ministro, e que um dos critérios principais para a admissão ao púlpito seja o diploma universitário.

Isso, é claro, não significa que o intelecto não tenha lugar na vida de oração, ou que a reflexão teológica e a oração se excluam mutuamente. Mas não devemos subestimar o intelectualismo da maioria das igrejas. Se as orações públicas dos ministros tanto dentro como fora das igrejas são algum indicativo de sua vida de oração, certamente Deus está ocupado participando de seminários. Como podemos esperar que alguém encontre o verdadeiro alimento, conforto e consolo em uma vida de oração que sobrecarrega a mente além de seus limites e acrescenta mais uma atividade desgastante às muitas já programadas?

Durante a última década, muitos descobriram os limites do intelecto. Mais e mais pessoas perceberam que necessitam de muito mais do que sermões e orações atraentes. Elas se perguntam sobre como podem realmente experimentar Deus. O movimento carismático é uma resposta óbvia a essa nova busca pela oração. A popularidade do Zen e a experimentação com técnicas de encontro nas igrejas também são indício de um novo desejo de encontrar Deus. De repente, nos vemos cercados de pessoas dizendo: "Ensine-nos a rezar". E, subitamente, nos damos conta de que estamos sendo solicitados a mostrar o caminho por uma região que nós mesmos desconhecemos. A crise de nossa vida de oração é a de que nossa mente pode estar repleta de ideias sobre Deus, enquanto nosso coração permanece longe dele. A verdadeira oração vem do coração e é a respeito dessa que os Padres do Deserto nos instruem.

A oração do coração

A oração hesicasta é uma prece do coração, que conduz ao repouso onde a alma pode habitar em Deus. Para nós, que somos tão guiados pela mente, é de importância vital que aprendamos a rezar com o coração e a partir dele. Os Padres do Deserto podem nos mostrar o caminho. Embora não ofereçam nenhuma teoria sobre a oração, suas histórias concretas e conselhos ofertaram as pedras com as quais os últimos escritores ortodoxos espirituais construíram uma espiritualidade muito impressionante. Os autores espirituais do Monte Sinai, Monte Athos, e os *startsi* da Rússia do século XIX, estão ancorados na tradição do deserto. Encontramos a melhor formulação da oração do coração nas palavras do místico russo Teófano, o Recluso: "Orar é descer, com a mente, até o coração, e ali se colocar diante da face onipresente e onisciente do Senhor dentro de si"[25]. Ao longo dos séculos, essa visão sobre a oração tem sido central no hesicasmo. Ela se sustenta na presença de Deus com a mente no coração, isto é: naquele ponto do nosso ser onde não há divisões nem distinções e onde somos uma unidade. Ali, o Espírito de Deus habita e o grande encontro se dá. Ali coração fala ao coração, porque estamos diante da face onisciente do Senhor, dentro de nós.

É preciso perceber que, aqui, a palavra coração é usada na plenitude de seu significado bíblico. Em nosso meio, esta

---

25 WARE, T. (org.). *The Art of Prayer*: An Orthodox Anthology. Londres: Faber & Faber, 1966, p. 110.

se tornou flexível, se referindo à base da vida sentimental. Expressões como "coração partido" e "cordial" mostram que, com frequência, pensamos nele como o cálido lugar em que as emoções estão localizadas, em contraste com o frio intelecto onde nossos pensamentos encontram o seu abrigo. Mas a palavra coração na tradição judaico-cristã se refere à fonte de todas as energias físicas, emocionais, intelectuais, volitivas e morais.

Dele surgem impulsos misteriosos, assim como sentimentos inconscientes, estados de ânimo e desejos. Também tem suas razões e é o centro da percepção e do entendimento. Por fim, é a sede da vontade: ele faz planos e chega a boas decisões, é o órgão central e unificador de nossa vida pessoal. Nosso coração determina a nossa personalidade e é, então, não só o lugar onde Deus habita como aquele em direção ao qual satanás dirige seus ataques mais ferozes. É esse coração o lugar da oração. A oração do coração é a que se dirige ao Deus, a partir do centro da pessoa e, assim, afeta toda a nossa humanidade.

Um dos Padres do Deserto, Macário, o Grande, diz: "A tarefa principal do atleta (isso é, do monge) é entrar dentro de seu coração"[26]. Isso não significa que o monge deva pro-

---

[26] Macário, o Grande, apud HAUSHERR, I. *The Name of Jesus*. Kalamazoo, MI: Cistercian, 1978, p. 314 [Trad. de Charles Cummings].

curar encher a sua prece de sentimento, mas que tem que se esforçar para deixar que ela remodele toda a sua pessoa. A mais profunda percepção dos Padres do Deserto é a de que entrar no coração significa entrar no Reino de Deus. Em outras palavras, o caminho para o Pai é feito através do coração. Isaac, o Sírio, escreve: "Tente entrar na câmara do tesouro [...] que está dentro de si e então descobrirá a câmara do tesouro do Céu, porque elas são a mesma coisa. Se conseguir entrar em uma, verá a ambas. A escada para esse reino se esconde dentro de si, em sua alma. Se purificar sua alma do pecado, verá ali os degraus que deve subir"[27]. E John Carpathios diz: "É preciso um grande esforço e luta na oração para alcançar aquele estado mental que é livre de toda perturbação; é um céu dentro do coração (literalmente, "endocardíaco"), o lugar, como nos assegura o Apóstolo, onde 'Cristo está em vós' (2Cor 13,5)"[28].

Os Padres do Deserto, em suas declarações, nos apontam a direção de uma visão muito holística da oração. Eles nos afastam de nossas intelectualizadas práticas em que Deus se torna um dos muitos problemas que temos de abordar, e nos mostram que a verdadeira prece penetra até a medula de nossa

---

[27] Ibid.
[28] CARPHATIOS, J., apud HAUSHERR, I. *The Name of Jesus*. Op. cit., p. 314.

alma e não deixa nada intocado. A prece do coração é uma que não permite que limitemos nossa relação com o Pai a palavras interessantes ou emoções piedosas. Por sua própria natureza, tal oração transforma todo o nosso ser em Cristo, precisamente porque abre os olhos de nossa alma para a verdade sobre nós mesmos, assim como para a verdade de Deus. Em nosso coração, passamos a nos ver como pecadores abraçados pela misericórdia divina. É essa visão que nos faz clamar: "Senhor Jesus Cristo, Filho do Deus vivo, tende piedade de mim, pecador". Ela nos desafia a não esconder absolutamente nada do Senhor e a nos render incondicionalmente à sua misericórdia.

Assim, a oração do coração é a da verdade. Ela desmascara as muitas ilusões sobre nós mesmos e sobre Deus e nos conduz à verdadeira relação do pecador com o Pai misericordioso. Essa verdade é o que nos concede o "repouso" do hesicasta. Na medida em que ela se fixa em nosso coração, seremos menos distraídos por pensamentos mundanos e mais concentradamente voltados para o Senhor de nossos corações e do universo. Então, as palavras de Jesus – "Felizes os puros de coração, porque verão a Deus" (Mt 5,8) – se tornarão reais em nossa prece. Tentações e batalhas permanecerão até o fim de nossas vidas, mas com um coração puro estaremos serenos mesmo em meio a uma desassossegada existência.

Isso levanta a questão sobre como praticar a oração do coração em um ministério agitado e é para a questão da disciplina que devemos agora voltar nossa atenção.

Oração e ministério

Como podemos nós, que não somos monges e não vivemos no deserto, praticar a oração do coração? Como a prece do coração influencia o nosso ministério cotidiano?

A resposta a essas questões reside na formulação de uma disciplina definitiva, um regulamento para a oração. Há três características dela que podem nos ajudar a formular essa disciplina:

- a prece do coração é sustentada por orações breves e simples;
- a prece do coração é incessante;
- a prece do coração a tudo inclui.

É sustentada por orações breves

No contexto de nossa prolixa cultura, é importante ouvir os Padres do Deserto nos desencorajando a usar palavras em excesso: "Perguntou-se ao Aba Macário: 'Como se deve rezar?' O ancião respondeu: 'Não há necessidade, em absoluto, de fazer discursos longos; é suficiente estender a mão e dizer: 'Senhor, como queres e como sabes, tem misericórdia'.

E se o conflito de tornar mais ameaçador, dizer: 'Senhor, ajuda'. Ele sabe muito bem do que precisamos e nos mostra a sua misericórdia"[29].

João Clímaco é ainda mais explícito: "Ao orar, não tente se expressar com palavras pomposas, porque com frequência são as frases simples e repetitivas de uma criança pequena as que o nosso Pai do Céu considera mais irresistíveis. Não se esforce por uma verbosidade, para que sua mente não se distraia da devoção em uma busca por palavras. Uma frase nos lábios do coletor de impostos foi suficiente para conquistar a misericórdia de Deus; um pedido humilde feito com fé foi suficiente para salvar o ladrão arrependido. A loquacidade na oração frequentemente sujeita a mente à fantasia e à dispersão. Quando você encontra satisfação ou contrição em certa palavra de sua oração, pare nesse ponto"[30].

Esta é uma sugestão muito útil para nós, que tanto dependemos da habilidade verbal. A silenciosa repetição de uma única palavra pode nos ajudar a descer com a mente até o coração. Essa repetição nada tem a ver com mágica, ela não se destina a lançar um feitiço sobre Deus ou forçá-lo a nos ouvir. Ao contrário, uma palavra ou sentença repetida

---

[29] WARD, B. (trad.). *The Sayings of the Desert Fathers.* Op. cit., p. 111.
[30] CLÍMACO, J., apud HAUSHERR, I. *The Name of Jesus.* Op. cit., p. 286.

frequentemente pode nos ajudar a concentrar, a nos deslocar para o centro, a criar uma quietude interna e assim escutar a voz do Senhor. Quando simplesmente tentamos nos sentar silenciosamente e esperar que Deus fale conosco, acabamos bombardeados por intermináveis pensamentos e ideias conflitantes. Mas, quando usamos uma frase bem simples, do tipo "Oh, Deus, vinde em meu auxílio", ou uma palavra como "Senhor" ou "Jesus", é mais fácil deixar as muitas distrações passarem por nós sem ser corrompido pelas mesmas. Essa prece simples e facilmente repetida pode lentamente esvaziar a nossa sobrecarregada vida interior e criar o espaço tranquilo onde é possível habitar em Deus. Ela é como uma escada ao longo da qual se pode descer ao coração e ascender até o Pai. Nossa escolha de palavras depende de nossas necessidades e das circunstâncias do momento, mas é melhor utilizar as das escrituras.

Esta forma de oração simples, quando somos fiéis a ela e a praticamos em horários regulares, lentamente nos leva a uma experiência de descanso e nos abre para a presença ativa de Deus. Além disso, podemos levá-la conosco em um dia muito atarefado. Quando, por exemplo, despendemos vinte minutos, no inicio da manhã, sentados na presença do Senhor, com as palavras "O Senhor é meu Pastor", elas podem lentamente construir para si um pequeno ninho em nosso coração e ficar ali pelo resto desse nosso movimentado dia. Mesmo quando estamos falando, estudando, praticando jardinagem ou construindo, a prece continua em nosso coração e nos mantém conscientes da constante orientação divina. A disciplina não se destina a atingir uma compreensão mais profunda sobre o que simboliza o fato de Deus ser chamado de Pastor, mas à íntima experiência da ação do pastoreio divino, em tudo o que pensamos, dizemos ou fazemos.

É incessante

A segunda característica da prece do coração diz respeito ao fato de ela ser incessante. A questão sobre como seguir o comando de São Paulo, de "orar sem cessar", teve um lugar central no hesicasmo desde o tempo dos Padres do Deserto na Rússia do século XIX, e há muitos exemplos dessa referência em ambas as extremidades da tradição hesicasta.

Durante o tempo dos Padres do Deserto havia uma seita pietista, a messaliana. Algumas pessoas mantinham uma abordagem excessivamente espiritualizada em relação à oração e consideravam o trabalho manual condenável para um monge. Uns monges dessa seita foram ver o Aba Lúcio. "O ancião lhes perguntou: 'Qual o seu trabalho manual?' Eles disseram: 'Não fazemos trabalho manual, mas, como proferem os apóstolos, oramos sem cessar'. O ancião lhes perguntou se eles não se alimentavam, e replicaram que sim, que se alimentavam. Então ele lhes disse: 'Quando comeis, quem, afinal, ora por vós?' Novamente ele lhes perguntou se eles não dormiam, e estes responderam que sim. E ele lhes disse: 'Quando dormis, quem, então, ora por vós?' Eles não puderam encontrar nenhuma resposta para lhe oferecer. E o aba lhes disse: 'Perdoai-me, mas não agis conforme falais. Eu vos mostrarei como, enquanto faço meu trabalho manual, oro sem interrupção. Eu me sento com Deus, embebendo meus feixes de junco e trançando as minhas cordas, e digo: 'Deus, tende piedade de mim; conforme vossa imensa bondade e conforme a profusão de vossas misericórdias, salvai-me dos meus pecados'. Então ele lhes perguntou se isso não era prece e eles replicaram que era. Afinal, ele lhes disse: 'Então, quando passo o dia todo trabalhando e orando, obtenho cerca de treze moedas, ponho duas moedas fora da porta e, com o restante do dinheiro, pago por minha comida. Aquele que pega as duas moedas ora por mim enquanto como e enquanto durmo; assim, pela graça de Deus, cumpro o preceito de orar sem cessar"[31].

Essa história oferece uma resposta bastante prática à pergunta: "Como posso orar sem cessar quando estou

---

31 WARD, B. (trad). *The Sayings of the Desert Fathers*. Op. cit., p. 102.

atarefado com diversas outras coisas?" A resposta envolve o próximo, porque, pela minha caridade, o meu próximo se torna um parceiro em minha oração e faz dela uma prece incessante.

No século XIX, quando não existiam os problemas com os messalianos, uma resposta mais mística foi concedida. Nós a encontramos na famosa história sobre um camponês russo, chamada *O caminho do peregrino*. Ela começa da seguinte forma: "Pela graça de Deus, eu sou um cristão, mas, por minhas ações, um grande pecador [...]. No vigésimo quarto domingo depois de Pentecostes, fui à igreja fazer minhas orações durante a liturgia. A primeira Epístola de São Paulo aos Tessalonicenses estava sendo lida e, dentre outras palavras, ouvi estas: *Orai sem cessar* (1Ts 5,17). Foi esse texto, mais do que qualquer outro, que se impôs em minha mente, e comecei a pensar sobre como era possível rezar ininterruptamente, visto que um homem tem que se preocupar também com outros assuntos, a fim de ganhar a vida"[32]. O camponês foi de igreja em igreja escutar sermões, mas não encontrou a resposta que desejava. Finalmente, conhece um santo *staretz*, que lhe diz: "A oração interior

---

[32] FRENCH, R.M. (trad.). *The Way of the Pilgrim*. Nova York: The Seabury Press, 1965, p. 1

incessante é um anseio constante do espírito humano por Deus. Para ter êxito nesse exercício consolador devemos rezar com mais frequência a Deus para que nos ensine a orar ininterruptamente. Orar mais, e com mais fervor. A própria oração revelará a você como rezá-la sem cessar, mas isso levará algum tempo"[33].

Então, o santo *staretz* ensinou ao camponês a Oração de Jesus: "Senhor Jesus Cristo, tem piedade de mim". Enquanto viaja como peregrino pela Rússia, o camponês repete essa oração centenas de vezes com os lábios. Ele até mesmo considerava a Oração de Jesus como a sua verdadeira companheira. E então, um dia, tem a sensação de que a oração, por sua própria força, passa de seus lábios para o seu coração. Ele diz: "[...] parecia que meu coração, em sua corriqueira batida, tinha começado a dizer as palavras da Oração a cada batida [...]. Desisti de dizer a prece com meus lábios. Simplesmente ouvia atentamente o que meu coração dizia"[34].

Aprendemos aqui outra maneira de alcançar a oração incessante. Ela continua a rezar dentro de mim quando falo com os outros ou me concentro no trabalho manual. Ela se transforma na presença ativa do Espírito de Deus que me guia pela vida.

---

[33] Ibid., p. 2-3.
[34] Ibid., p. 19-20.

Como vemos, por meio da caridade e da atividade da Oração de Jesus em nosso coração, nosso dia inteiro pode se tornar uma prece contínua. Não estou sugerindo que imitemos o Monge Lúcio, ou o peregrino russo, mas que, também nós, em nosso ministério atarefado, nos preocupemos em orar continuamente, de modo que, quer comamos, quer bebamos ou façamos qualquer outra coisa, façamos tudo para glória de Deus (cf. 1Cor 10,31). Amar e trabalhar pela glória do Pai não pode ser uma ideia sobre a qual pensemos de vez em quando. Ela deve se tornar uma incessante doxologia interior.

A tudo inclui

A característica final da oração do coração é que ela inclui todos os nossos interesses. Ao adentrarmos com a mente em nosso coração e ali nos colocarmos na presença de Deus, então todas as nossas preocupações mentais se tornam em oração. O poder dela é precisamente o fato de que, por seu meio, tudo o que há em nossa mente se transforma em oração.

Quando dizemos às pessoas: "Vou rezar por você", firmamos um compromisso muito importante. O triste disso é que esse comentário muitas vezes fica sendo nada mais do que uma expressão de preocupação bem-intencionada. Mas, quando aprendemos a descer com a mente até o nosso coração, então todos aqueles que se tornaram parte de nossas vidas são levados até a presença conciliadora de Deus e tocados por Ele no âmago de seu ser. Estamos falando aqui sobre um mistério em que as palavras são inadequadas, é aquele que o coração, que é o centro de nosso ser, é transformado por Deus em seu próprio coração, grande o suficiente para abraçar o universo inteiro. Por meio da prece, podemos carregar em nosso coração toda a tristeza e a dor, conflitos e agonias, tortura e guerra, toda a fome, solidão e miséria humanos, não devido a alguma grande capacidade psicológica ou emocional, mas porque o coração do Pai se tornou um com o nosso.

Aqui avistamos o significado das palavras de Jesus: "Tomai sobre vós o meu jugo e aprendei de mim, que sou manso e humilde de coração, e *achareis descanso para vossas almas*, pois meu jugo é suave e meu peso é leve" (Mt 11,29-30). Jesus nos convida a aceitar seu fardo, que é o fardo do mundo inteiro, que inclui o sofrimento humano em todo tempo e lugar. Mas esse fardo divino é leve, e podemos carregá-lo quando nosso coração se transforma no manso e humilde de Nosso Senhor.

Podemos ver, aqui, a íntima relação entre a prece e o ministério. A disciplina de conduzir toda a nossa gente, com suas lutas, para o manso e humilde coração de Deus é a disciplina da oração, assim como a disciplina do ministério. Enquanto o ministério significar apenas que nos preocupamos excessivamente com as pessoas e seus problemas, enquanto ele significar um número sem fim de atividades que mal podemos coordenar, nós seremos ainda muito dependentes de nosso próprio coração estreito e inquieto. Mas, quando nossas preocupações são levadas ao coração de Deus e ali se tornam em prece, então o ministério e a prece se transformam em duas manifestações do mesmo vasto amor dele.

Vimos como a prece do coração é alimentada por orações breves, é incessante e inclusiva. Essas três características mostram como ela é o fôlego da vida espiritual e de todo o ministério. De fato, essa não é simplesmente uma atividade importante, mas o próprio centro da nova vida que desejamos representar e apresentar ao nosso povo. Está claro, pelas características da oração do coração, que ela exige uma disciplina pessoal. Para viver uma vida de oração não podemos passar sem orações específicas. Precisamos dizê-las de tal forma que possamos ouvir melhor o Espírito orando em nós. Precisamos continuar incluindo em nossa oração todas as pessoas com quem e para quem vivemos e trabalhamos. A disciplina nos ajudará a progredir, partindo de um ministério distraído, fragmentário e, muitas vezes, frustrante, para um ministério integrador, holístico e muito satisfatório. Ela não tornará o ministério fácil, mas simples;

não fará dele um ministério doce e piedoso, mas espiritual; não o tornará indolor e sem contendas, mas repousante, no verdadeiro sentido hesicasta.

Conclusão

Em nosso mundo voltado para a razão, precisaremos de uma séria disciplina para chegar a uma oração do coração na qual possamos escutar a orientação de Deus que reza em nós. A grande ênfase nela, pelo ministério, não pretende ser um incentivo para se envolver menos com as pessoas ou deixar intocada a nossa sociedade com suas muitas lutas. A oração, da maneira como a entendem os hesicastas, nos ajuda a discernir, dentre nossas atividades ministeriais, quais se destinam, de fato, à glória de Deus, e quais estão a serviço, primeiramente, da glória de nosso ego não convertido. A oração do coração nos oferece uma nova sensibilidade, que nos permite separar o joio do trigo em nosso ministério e, dessa forma, nos tornamos testemunhas muito menos ambíguas de Jesus Cristo.

Ela é realmente o caminho para a pureza de coração que nos concede olhos para ver a realidade de nossa existência, que permite enxergar mais claramente, não apenas o nosso próprio ego necessitado, distorcido e ansioso, mas também a face solícita de nosso Deus compassivo. Quando essa visão permanece clara e distinta, é possível nos movermos em meio ao mundo tumultuado com um coração sereno. É esse coração sereno que atrairá aqueles que, às cegas, procuram seu caminho pela vida. Quando encontramos o nosso repouso em Deus, não fazemos nada além de ministrar, ele será visível aonde quer que vamos e por quem quer que encontremos. E, antes de falarmos qualquer palavra, o Espírito de Deus, orando em nós, fará a sua presença conhecida e reunirá as pessoas em um novo corpo, o corpo do próprio Cristo.

Epílogo

A questão com que comecei essa exploração sobre a espiritualidade do deserto e o ministério contemporâneo foi: "Como podemos exercer nosso ministério em uma situação apocalíptica?" Num período da história dominado pelo medo crescente de uma guerra que não pode ser vencida e uma sensação de impotência cada vez maior, a questão do ministério é muito urgente.

Como uma resposta a essa questão, apresentei as palavras: "Retira-te do mundo, fica em silêncio e ora sempre", ditas pelo aristocrata romano Arsênio, que perguntara a Deus como podia ser salvo. Solidão, silêncio e oração incessante configuram o conceito central da espiritualidade do deserto. Eu as considero de grande valor para nós, ministros, na medida em que vivemos situações sempre novas e desafiadoras como cristãos.

A solidão nos mostra o meio de permitir que a nossa conduta seja modelada não pelas compulsões mundanas, mas por nossa nova mente, a mente do Cristo. O silêncio nos impede de sermos sufocados por nosso mundo prolixo e nos ensina a falar a Palavra de Deus. Por fim, a oração incessante concede à solidão e ao silêncio o seu significado real, nela descemos com a mente até o coração. Assim, entramos, com nosso coração, no coração de Deus, que abraça toda a história com seu amor eternamente criador e recriador.

Mas essa espiritualidade do deserto não fecha os nossos olhos para a realidade cruel do nosso tempo? Não. Pelo contrário, a solidão, o silêncio e a prece permitem que nos salvemos, e aos outros, do naufrágio de nossa sociedade autodestrutiva. A tentação é a de enlouquecer com quem está louco, e sair por aí gritando e berrando, dizendo a todo mundo onde ir, o que fazer e como se comportar, de se tornar tão envolvidos nas agonias e êxtases dos últimos tempos, que nos afogaremos junto com aqueles a quem estamos tentando salvar.

O próprio Jesus nos adverte:

> Cuidado para ninguém vos enganar. Porque muitos virão em meu nome e dirão: "Eu sou o Cristo", e enganarão a muitos. Ouvireis falar de guerras e boatos de guerras, mas não vos perturbeis, porque é preciso que isso aconteça; mas ainda não é o fim. Uma nação se levantará contra outra e um reino contra outro. Haverá fome e terremotos em diversos lugares. Mas tudo isso é o começo dos sofrimentos. Em seguida vos entregarão a torturas

> e vos matarão, e sereis odiados por todas as nações por causa do meu nome. Muitos perderão a fé, uns trairão os outros e se odiarão. E numerosos falsos profetas surgirão e enganarão a muitos. Por causa da crescente maldade, o amor de muitos esfriará. Mas quem perseverar até o fim será salvo. Este Evangelho do Reino será pregado pelo mundo inteiro como testemunho a todas as nações. E então virá o fim (Mt 24,4-14).

Essas palavras de Jesus são de uma relevância impressionante. É nossa grande missão permanecer firmes até o fim, proclamar a Boa-nova ao mundo inteiro e nos manter fiéis a Ele, que se ergueu vitorioso do túmulo. As oscilantes torrentes dos nossos tumultuados tempos tornaram muito difícil não perder de vista a luz e não deixar que fiquemos à deriva na escuridão. Os principados e potestades não só revelam a sua presença na inquietante situação econômica e política de nossos dias como também mostram sua presença perturbadora nos ensejos mais íntimos de nossa vida. Nossa fidelidade nos relacionamentos é severamente testada, e nosso senso interior de pertencimento é questionado sucessivamente, nossa ira e nossa cobiça mostram sua força com veemência acrescida, e nosso desejo de nos saciar no hedonismo desesperado do momento se mostra mais forte do que nunca.

Sim, os perigos são muito reais. Não é impossível que nos tornemos falsos profetas gritando: "O Cristo está aqui" ou "acolá" (Mt 24,23). Não é impossível que enganemos as pessoas com nossas certezas individuais, e que não só o amor dos outros como também o nosso próprio esfrie. Nosso mundo compulsivo, prolixo e cerebral detém um firme controle sobre nós, e precisamos de uma disciplina muito forte e persistente para não sermos esmagados até a morte por ele.

Por meio de sua solidão, seu silêncio e sua prece incessante, os Padres do Deserto nos mostram o caminho. Essas disciplinas nos ensinarão a permanecer firmes, a pronunciar palavras de salvação, e a nos aproximar dos tempos futuros com esperança, coragem e confiança.

Quando tivermos sido transformados em testemunhas vivas de Cristo por meio da solidão, do silêncio e da oração, já não teremos de nos preocupar se estamos dizendo a coisa certa ou fazendo o gesto certo, porque então Ele tornará a sua presença conhecida, mesmo quando não estivermos conscientes disso.

Deixe-me concluir com mais uma história do deserto: "Três Padres costumavam visitar o bem-aventurado Antão todos os anos, e dois deles tinham o hábito de discutir com ele sobre seus pensamentos e a salvação de suas almas, mas o terceiro sempre permanecia em silêncio e nada lhe perguntava. Depois de um longo tempo, o Aba Antão lhe disse: 'Vens aqui com frequência para ter comigo, mas nunca me perguntaste nada'. Ao que o outro respondeu: 'Ver-te é suficiente, pai'"[35].

Tal história é um final adequado para este livro. No momento em que as pessoas sentem que apenas o fato de estar nos vendo é um ministério, palavras como essas não serão mais necessárias.

---

[35] WARD, B. (trad.). *The Sayings of the Desert Fathers*. Op. cit., p. 6.

Conecte-se conosco:

- **f** facebook.com/editoravozes
- **◯** @editoravozes
- **X** @editora_vozes
- **▶** youtube.com/editoravozes
- **◯** +55 24 2233-9033

www.vozes.com.br

Conheça nossas lojas:

www.livrariavozes.com.br

Belo Horizonte – Brasília – Campinas – Cuiabá – Curitiba
Fortaleza – Juiz de Fora – Petrópolis – Recife – São Paulo

EDITORA VOZES LTDA.
Rua Frei Luís, 100 – Centro – Cep 25689-900 – Petrópolis, RJ
Tel.: (24) 2233-9000 – E-mail: vendas@vozes.com.br